W0466791

Aufgezeichnet
von Andrea Fehringer & Thomas Köpf

Ernst Minar Slaven Stekovic

LEBENSMOTOR BEWEGUNG

Die Wissenschaft erklärt den Körper-Code des Menschen

ueberreuter

Danke, dass Sie sich für unser Buch entschieden haben.
Wir freuen uns, wenn wir Sie auch weiterhin über unsere
Neuerscheinungen informieren dürfen, und laden Sie ein,
unseren Newsletter unter
www.ueberreuter.at
zu abonnieren.

1. Auflage 2022
© Carl Ueberreuter Verlag, Wien 2022
ISBN 978-3-8000-7794-6
Alle Rechte vorbehalten. Das Werk darf – auch teilweise – nur mit Genehmigung des Verlages wiedergegeben werden.

Redaktionelle Mitarbeit: Hans Schneeweiß, Konstantin Wollinger
Gestaltung & Grafik: Saskia Beck, s-stern.com
Umschlagfoto: Adobe Stock / Collage
Druck und Bindung: Finidr Ltd., Český Těšín

MIX
Aus verantwortungsvollen Quellen
FSC www.fsc.org FSC® C014138

Haftungsausschluss:
Die in diesem Buch enthaltenen Informationen und Ratschläge wurden von den Autoren sorgfältig recherchiert und geprüft. Eine Garantie kann dennoch nicht übernommen werden. Die Informationen und Ratschläge sind außerdem nicht dazu gedacht, die Beratung durch einen Arzt oder Therapeuten zu ersetzen, sofern dies angezeigt ist. Unter keinen Umständen sind die Autoren oder der Verlag für irgendwelche Schäden oder Verluste haftbar, die dem Leser dadurch entstehen könnten, dass er sich ausschließlich auf Informationen in diesem Buch verlässt. Eine Haftung der Autoren, des Herausgebers oder des Verlags ist ausgeschlossen

Anmerkung: In diesem Buch wird aus Gründen der besseren Lesbarkeit und Übersicht auf gegenderte Formulierungen verzichtet. Selbstverständlich ist immer die weibliche und männliche Form gemeint.

Inhalt

„Fernsehen ist fabelhaft.
Man bekommt nicht nur Kopfschmerzen davon,
sondern erfährt auch gleich in der Werbung,
welche Tabletten dagegen helfen."

Bette Davis

1. JERRY UND DIE TOTEN BUSFAHRER: DIE WISSENSCHAFT ENTDECKT DIE BEWEGUNG

Der Himmel über London war zu einem fahlen Anthrazit ergraut, es nieselte. Als der Big Ben dreimal schlug, spazierten Herren in Anzügen und mit polierten Schuhen über die Tower Bridge, zogen den Hut oder die Melone, um eine Dame zu begrüßen, und spannten Regenschirme auf. Im England der 1950er-Jahre ließ man die Hektik beiseite und ging mit Stil seines Weges. Eile, das wusste jeder, ist die Feindin der Würde.

Ein roter Doppeldeckerbus fuhr vorbei. Darin auf dem Oberdeck saß Jerry Noah Morris, ein junger schottischer Arzt im dunkelbraunen Tweed-Anzug. Jerrys Blick war hellwach, er registrierte die Passagiere im Bus und trug seine Aufzeichnungen bei sich. Ein schwarzes Notizbuch und einen Bleistift. Jedes Mal, wenn der Schaffner zu ihm heraufkam, um zugestiegene Fahrgäste zu kontrollieren, machte Jerry einen Grafit-Strich in sein Büchlein. Immer einen von oben nach unten gezogen, viermal nebeneinander, beim fünften Mal setzte er einen Querstrich, um den Überblick für seine penible Zählung nicht zu verlieren.

Der Schaffner, der gerade die Treppe hochgestiegen war, nickte Jerry zu, und beide setzten ein britisches Lächeln auf. Der Busfahrer saß hinter dem Steuer, schloss die Tür und fuhr los, während der Schaffner weiter herumging und sich anschickte, die Fahrkarten zu prüfen. Der Bus nahm Fahrt auf. Draußen war das Nieseln in einen Londoner Schnürlregen übergegangen. Dicke Tropfen prasselten gegen die

Scheiben, aber Jerry war nur in seine Studie vertieft. Rätselhaft, dachte er bei sich, ziemlich mysteriös, was da vor sich geht.

Jerry Noah Morris arbeitete beim staatlichen britischen *Medical Research Council*. Er hatte festgestellt, dass seit Beginn des 20. Jahrhunderts die Zahl der Menschen, die an einem Herzinfarkt starben, dramatisch angestiegen war. In einer Vielzahl von Stunden hatte er die Todesakten der Menschen studiert, die zwischen 1907 und 1949 gestorben waren. Aus den Daten folgerte er, dass die berufliche Tätigkeit etwas mit dem Herzinfarktrisiko zu tun haben musste. Er schaute sich verschiedene Berufsgruppen genauer an. Unter ihnen waren Postbeamte und Busbesatzungen.

Er verglich deren Lebensstile: Sowohl Schaffner, die die Tickets kontrollierten, als auch Busfahrer aßen Sandwiches, tranken Guinness-Bier im Pub; sie atmeten täglich Abgase ein, waren derselben Lärmbelästigung und Luftverschmutzung ausgesetzt; sie wohnten im selben Soziotop; alles war gleich, ihr Lebensstil ident. Merkwürdig schien nur der Umstand, dass die Busfahrer im Vergleich zu den Kontrolleuren statistisch öfter und vor allem deutlich früher starben. Woran konnte das liegen?

Bei seinen ausgedehnten Begleitfahrten fand Jerry heraus, dass die Schaffner pro Arbeitstag zwischen 500 und 750 Stufen hinauf- und hinunterstiegen, weil ihnen das der Doppeldeckerbus abverlangte. Im Gegensatz dazu hockten die Busfahrer tagein, tagaus nur auf ihrem Sitz hinter dem Lenkrad. Sie saßen den Gutteil ihres Lebens. Der Forscher verglich seine neu gewonnenen Daten mit den Todesakten. Das Herzinfarktrisiko der Schaffner war nur halb so hoch wie das der Fahrer. Da machte es klick in seiner wissenschaftlichen Betrachtung.

Parallel dazu begutachtete Jerry die Postangestellten. Die Briefträger waren alle kerngesund. Ihre Kollegen allerdings, die in den Postämtern hinter dem Schalter dahindümpelten und nur hin und wieder die Stempel bewegten, erlitten merkbar öfter einen Herzinfarkt. 1953 veröffentlichte Jerry Noah Morris die Ergebnisse seiner Studie in dem anerkannten Medizin-Journal *The Lancet*.

Er erbrachte damit den ersten wissenschaftlichen Beweis, dass Bewegung gesund ist.

Bewegung verlängert das Leben.

Trägheit ist Selbstmord in Zeitlupe.

Die schriftliche Erkenntnis Mitte des 20. Jahrhunderts war recht spät, wenn man bedenkt, dass schon die alten Griechen und Römer gewusst haben, wie man mit Hirn durchs Leben geht – *mens sana in corpore sano*. Ein gesunder Geist in einem gesunden Körper. Sitzen und knotzen gehört nicht dazu. Der Mensch weiß das schon lange, nur die Forschung hatte das Wort Prävention noch flächendeckend ausgeklammert.

Auch Bücher aus dem Mittelalter beschreiben, wie Bewegung in die medizinische Behandlung integriert wurde. Später, im 19. Jahrhundert, war die Sache längst klar.

Eine literarische Hebel-Wirkung

1811 schrieb der deutsche Schriftsteller Johann Peter Hebel den Essayband *Schatzkästlein des rheinischen Hausfreundes*, übrigens eines der Lieblingsbücher von Franz Kafka.

Darin ein Aufsatz mit dem Titel „Der geheilte Patient“.

„Reiche Leute haben doch auch allerlei Lasten und Krankheiten auszustehen, von denen gottlob der arme Mann nichts weiß, denn es gibt Krankheiten, die nicht in der Luft stecken, sondern in den vollen Schüsseln und Gläsern, und in den weichen Sesseln und seidernen Betten, wie jener reiche Amsterdamer ein Wort davon reden kann. Den ganzen Vormittag saß er im Lehnsessel und rauchte Tabak, wenn er nicht zu träge war, aß aber zu Mittag doch wie ein Drescher, und die Nachbarn sagten manchmal: ‚Windet's draußen, oder schnauft der Nachbar so?‘ Den ganzen Nachmittag aß und trank er ebenfalls, bald etwas Kaltes, bald etwas Warmes, ohne Hunger und ohne Appetit, aus lauter langer Weile bis in den Abend, also, daß man bei ihm nie recht sagen konnte, wo das Mittagessen aufhörte und wo das Nachtessen anfing. Nach dem Nachtessen legte er sich ins Bett, und war so müd, als wenn er den ganzen Tag Steine abgeladen oder Holz gespalten hätte. Davon bekam er zuletzt einen dicken Leib, der so unbeholfen war wie ein Maltersack. Essen und Schlaf wollte ihm nimmer schmecken, und er war lange Zeit nicht recht gesund und nicht recht krank; wenn man ihn selber hörte, so hatte er 365 Krankheiten, nämlich alle Tage eine andere.

Alle Ärzte, die in Amsterdam sind, mußten ihm raten. Er verschluckte ganze Feuereimer voll Mixturen und ganze Schaufeln voll Pulver, und Pillen wie Enteneier so groß, und man nannte ihn scherzweise nur die zweibeinige Apotheke. Aber alle Arzneien halfen ihm nichts, denn er folgte nicht, was ihm die Ärzte befahlen, sondern sagte: ‚Wofür bin ich ein reicher Mann, wenn ich leben soll wie ein Hund, und der Doktor will mich nicht gesund machen für mein Geld?'

Endlich hörte er von einem Arzt. Zu ihm fasste der Mann Vertrauen. Der Arzt merkte bald, was ihm fehlte, nämlich nicht Arznei, sondern Mäßigung und Bewegung. Er sagte: ‚Ihr dürft nicht mehr essen als zweimal des Tages einen Teller Gemüs, mittags ein Bratwürstlein dazu und nachts ein Ei, und am Morgen ein Fleischsüpplein mit Schnittlauch drauf.' Der Mann war dem Rat gefolgt und hatte 87 Jahre, 4 Monate und 10 Tage gelebt, wie ein Fisch im Wasser so gesund, und hatte alle Neujahr dem Arzt 20 Dublonen zum Gruß geschickt."

Anno 1811 gab es vielleicht noch andere Diätkonzepte als heute, aber der Kern der Sache war absehbar. Zu Fuß gehen, anstatt die Kutsche zu nehmen, und sich zügeln beim Völlern – das vermeidet den Schreiner, der den Sarg zimmert.

Trotz dieser frühen Erkenntnisse hat die Wissenschaft bis Anfang der 1950er-Jahre gebraucht, um das amtlich zu bestätigen. Jerry Noah Morris sei Dank.

Ein Leben in Bewegung ist der beste Arzt

Es sind oft äußere Umstände, die die inneren Werte verändern.

Nach dem Zweiten Weltkrieg war es zu einem großen Wandel in der Lebensweise der Menschen gekommen. Damals entstand die moderne Gesellschaft. Davor hatten sich die Menschen im Alltag grundsätzlich viel bewegt, die meisten waren einer körperlichen Arbeit nachgegangen. Danach wurden die Leute immer bequemer: mit ihrem Lebensstil, bei der Ernährung, auch in ihren Bewegungsmustern.

Wer ist ein Sportler?

Der Begriff Sportler hat in der Bedeutung einen merkwürdigen Wandel durchlaufen.

In der Antike waren Sportler Menschen, die an den Olympischen Spielen teilnahmen.

Später galten Menschen als Sportler, wenn sie an Wettkämpfen und Meisterschaften teilnahmen.

Heute ist jemand ein Sportler, wenn er zweimal die Woche joggen geht oder sich einmal pro Woche zum Fußballspielen trifft und nachher ein paar Bier reinkippt.

In zwanzig Jahren werden Menschen als Sportler bezeichnet werden, die zu Fuß zum Supermarkt gehen, um dort einzukaufen. Weil sie die Einzigen sind, die sich noch aus eigenem Antrieb aufraffen, den Allerwertesten zu heben, um die Tragtaschen eigenhändig nach Hause zu bringen. Der Sportler von morgen lässt ab von der Drohne.

Sattheit im Umgang mit sich selbst definiert heute schon die Verhaltensmuster der breiten Gesellschaft. Müßiggang ist die Geißel der Moderne.

Der Mensch sitzt zu viel. Auf dem Sessel bei der Arbeit. Auf der Couch vor dem Fernseher. Wir starren stundenlang auf Handys, leben mit dem Computer. Die digitale Revolution hat uns bequem gemacht. Und die Pandemie wirft ihre langen Schatten. Übergewicht und Bewegungsmangel zersetzen die Gesellschaft.

Die Menschen haben eine unsägliche Liebe zur Bequemlichkeit. Wir sind mittlerweile gewöhnt, mit einer Handbewegung Zugang zu allen Möglichkeiten der Alltagsversorgung zu haben. Wir bestellen Burger, Pizza und Pasta per App.

Cola vom Supermarkt, bitte rauftragen in den dritten Stock. Alles ist mit kleinen Programmen gesteuert, künstliche Intelligenzen wuseln im Hintergrund, sammeln Daten über die Vorlieben bei den Bestellungen. Und wir wollen während all dieser Zeit nur happy sein. Wir fahren in den Urlaub und posten sofort Fotos auf Instagram.

Wir wollen liegen, und wir wollen Likes. Wir suhlen uns in Trägheit. Wir leben vor dem Bildschirm, auch wenn er schwarz ist.

Die vier Gruppen der Bewegung

Körperliche Aktivität ist definiert als „jede Bewegung der Skelettmuskulatur, die zu einer erheblichen Erhöhung des Ruh-Energieaufwands führt". Bewegung wird unterschiedlich kategorisiert. Eine Skala teilt körperliche Aktivität in vier Gruppen.

- Zur ersten Gruppe zählt die allgemeine oder tägliche körperliche Aktivität. Sie passiert mehr oder weniger routinemäßig – und bezeichnet die Art der Bewegung, die wir in diesem Buch noch oft thematisieren werden. Das sind die Spaziergänge oder auch mit dem Hund Gassi gehen. Raus an die frische Luft.
- Die zweite Art der Bewegung ist das Training. Eine gezielte und strukturierte Art der Bewegung. Sie ist nicht im Alltag integriert – wir müssen uns Zeit dafür nehmen. Und wir schaffen uns damit Zeit, um eine bestimmte Muskelgruppe auf- oder Fett abzubauen. Das Fitnesscenter gehört dazu. Der Fokus liegt auf der Funktion bestimmter Muskelgruppen oder auf Gewichtsreduktion. Schwitzen und abnehmen.

- Gruppe Nummer drei ist der echte Sport. Das ist ebenfalls eine strukturierte körperliche Aktivität, allerdings mit einem Wettbewerbs-Charakter. Der Fokus liegt nicht nur auf der Funktion, sondern auf der Leistung. Wobei es nicht unbedingt Leistungssport sein muss. Etwa beim Tennisspielen: Die Spieler sind daran interessiert, besser Tennis zu spielen. Der Topspin funktioniert vielleicht, die Rückhand hin und wieder. Aber der Aufschlag macht immer das ganze Match zunichte. Der geht einmal ins Aus und einmal ins Netz. Der Smash muss besser werden. Und das kann nur durch Training erreicht werden. Der Fokus liegt hier nicht auf der Funktion einzelner Muskeln, sondern auf der Optimierung bestimmter Bewegungsabläufe.
- Die vierte Gruppe ist das Spielen. Wenn Kinder in der Sandkiste mit Schäufelchen und Kübelchen Burgen bauen, auf den Geräten am Spielplatz herumtollen oder Fangen spielen. Das wiederum ist eine unstrukturierte Form der Bewegung. Sie hat den Fokus weder auf Leistung noch auf Funktion, sondern vielmehr Unterhaltungscharakter. Bei Erwachsenen fällt diese Art der Bewegung fast zur Gänze weg. Wenn Sie im Urlaub Federball oder Wasserball spielen, fällt das genauso in diese Sparte. Aber Erwachsene spielen eher im Bett. Verbrennt auch Kalorien.

In den vergangenen Jahrzehnten hat sich vieles geändert. Heute haben Kinder mit Übergewicht und anderen gesundheitlichen Problemen zu kämpfen, weil sie sich nicht genug bewegen. Kinder trainieren nicht so gezielt wie Erwachsene und treiben auch weniger Sport. Kinder gehen nicht ins Fitnesscenter.

7 Prozent machen die Gene aus, 93 Prozent ist Lebensstil

Eine aktuelle Studie besagt, dass unsere Lebenserwartung nur zu 4–7 % durch die Genetik festgelegt ist. Das heißt, dass der Hauptteil, 93–96 %, allein von unserem Lebensstil abhängt. Es ist bei Weitem nicht durch die Erbmasse bestimmt, wie lange wir leben. Heutzutage beträgt die durchschnittliche Lebenserwartung bei Frauen in Österreich 83,3 Jahre, bei Männern 78,0. Wir haben es selbst in der Hand.

Lifestyle wird gern mit Aktivität gleichgesetzt. Aber Lebensstil ist nicht, einmal Bungee-Jumpen zu gehen. Der Lebensstil vieler ist es, jeden zweiten Tag zum McDonald's zu schlurfen. Gemeint ist die Gewohnheit, das Regelmäßige.

Über die meisten Dinge in unserem Lebensstil haben wir Kontrolle. Wir können uns entscheiden, ob wir Zigaretten rauchen, Alkohol trinken oder einen Wanderausflug in die Natur unternehmen. Auf andere Dinge wie etwa die Feinstaubbelastung haben wir keinen Einfluss. Es macht einen Unterschied, ob man in Detroit oder am Wörthersee aufwächst. Die schlechte Luft, der Lärm oder der Stress verkürzen unsere Lebenserwartung. Die Umgebung hustet uns was.

Deswegen sollten wir umso mehr auf die Dinge achten, die wir selbst bestimmen können. Die meisten von uns haben Einfluss darauf, ob sie am Abend vor dem Fernseher Chips in sich hineinstopfen oder lieber spazieren gehen. Jemand, der alle Folgen von *Friends, Breaking Bad* oder *Game of Thrones* schon gesehen hat, wird keinen besonderen Mehrwert haben, wenn er sich eine Folge zum zweiten oder zwölften Mal anschaut. Aber vielleicht wird er das tun. Und dabei faul auf der Couch herumliegen. Ausrasten. Chillen. Serien inhalieren. Die Luft der Gemütlichkeit. Also mindestens einer von uns hat das auch schon das eine oder andere Mal gemacht.

Ich hab keine Zeit, hab keine Lust, brauch Erholung. In Wahrheit hat jeder Mensch die Zeit, täglich 30 Minuten spazieren zu gehen. Aber der innere Schweinehund knurrt so lange, bis er bekommt, was er will. Den Knochen der Starrheit, die Regungslosigkeit im Alltag. Das Problem sitzt nicht in den Gliedern, sondern im Kopf.

Allein das Denken an Bewegung und Training hat eine positive Auswirkung auf den Körper. Im Rahmen einer weltberühmten Studie bildeten Forscher zwei Gruppen. Die eine Gruppe dachte täglich unter Anleitung aktiv an Bizeps-Übungen. Die Probanden mussten sich die Übungen nur vorstellen. Die andere Gruppe tat das nicht. Am Ende der Testzeit konnten die Forscher bei der ersten Gruppe einen größeren Armumfang feststellen. Da stellt sich natürlich die Frage, wie viel vom effektiven Training bloß das Bewusstsein ausmacht.

Die meisten Studien im Bereich Sport und Bewegung untersuchen die Vorteile von Bewegung an sich, aber die wenigsten rechnen die Realität der Bürojobs mit ein. Wer acht Stunden oder mehr im Büro sitzt, kaum vom Arbeitsplatz aufsteht und im Anschluss eine Stunde ins Fitnesscenter geht, hat die Zeit des Sitzens nicht wettgemacht. Die Wissenschaft zeigt: Auch wenn wir ein gezieltes Training für unsere Muskeln machen, macht das den Bewegungsmangel in unserem Alltag nicht wett.

Jede halbe Stunde aufstehen und gehen

Die Empfehlung der Wissenschaft: Alle 30 Minuten aufstehen und sich fünf Minuten lang bewegen. In Wahrheit sind unsere Arbeitsplätze nicht dafür geschaffen. Von der BILLA-Verkäuferin bis zum CEO eines Unternehmens – wir können nicht jede halbe Stunde aufstehen und lustig spazieren gehen. Daher kann es passieren, dass ein fitter Geschäftsmann, der gesundheitsbewusst regelmäßig ins Fitnesscenter geht, einen Herzinfarkt bekommt. Obwohl sein Körper gesund aussieht, ist das noch lange keine Garantie, dass der Stoffwechsel und das Herz-Kreislauf-System optimal funktionieren.

Denken wir an Sport und Bewegung, so haben wir meistens das Bild des Trainings und des Muskelaufbaus vor uns. Es geht darum, schneller, stärker und besser zu werden. Der Bauch bitte flach, Arme und Beine schön definiert, der Po knackig, sowieso. Was wir oft vergessen, ist, dass die Bewegung tief in der menschlichen Natur steckt. Unsere Vorfahren sind nicht auf einer Parkbank gesessen und haben gewartet, bis ein Reh vorbeispringt. Sie haben als Jäger und Sammler das Tier auf ihren zwei Beinen gejagt. Sie sind gegangen und gelaufen, haben gelauert und gehetzt. Der Ego-Shooter waren sie selbst.

Vor 100.000 Jahren hat der Mensch sein Gehirn genutzt, um zu überleben, seine Nahrung zu suchen. Nicht jede Nahrung war wertvoll. Ein Tannenbaum ist voll Zellulose und schwierig für den Körper zu verwerten. Menschen haben gezielt nach Früchten gesucht, die reich an Fruktose und Glukose sind. Das Gehirn hat sich angepasst und ein

Belohnungssystem eingeführt. Das schmeckt gut, Serotonin und Dopamin wurden ausgeschüttet, die Menschen wollten mehr davon. Genau dieses Prinzip funktioniert auch auf Instagram. Wir wollen eine schnelle Belohnung. Am liebsten, ohne viel dafür zu tun. Ein Wischen, ein Posten und fertig.

Um die Benefits des Sporttreibens an die Bequemlichkeit der Menschen anzupassen, haben Forscher versucht, eine Pille zu entwickeln, die den Sport ersetzt. Leider sind die Wissenschaftler schnell draufgekommen, dass Sport nicht nur molekularbiologisch, sondern auch mechanisch immens wichtig für den Körper ist und eine Pille Bewegung nicht ersetzen kann.

Die große Lüge: Hier kommt die Fitnesspille für Faule!

Doch jedes Jahr wird eine neue Sportpille vorgestellt. Ein Allheilmittel, gepriesen wie der Stein der Weisen. Der pharmakologische Ersatz für die Bewegung, gewonnen aus irgendwelchen Extrakten oder erzeugt im Labor.

Zum Beispiel bei der alljährlichen „Exercise is Medicine"-Tagung. Das ist eine US-amerikanische Non-Profit-Organisation, die sich mit den neuesten Erkenntnissen zum Thema Sport und Bewegung und deren Einfluss auf die Gesundheit der Menschen beschäftigt. „Exercice is Medicine" stellt sich die Frage: „Wie bleiben wir länger gesund?"

Die Ernüchterung folgt schnell und immer dann, wenn diese Mittel zum Einsatz kommen. Sie wirken nicht.

Es gibt kein Medikament, das die Bewegung ersetzt

Auch wenn die Pharmaindustrie uns immer wieder die Karotte vor die Nase hält: Der Mensch ist angehalten, mehr zu tun, als die kristalline Essenz aus einem mexikanischen Kaktusgewächs zu schlucken.

Früher wurde Patienten nach einer Operation geraten, bis zu einer Woche im Krankenbett liegen zu bleiben. Neueste Studien zeigen jedoch, dass genau das Gegenteil förderlich ist: Wenn der Patient 24 bis 48 Stunden nach der Operation aufsteht und sich bewegt, funktioniert die Regeneration deutlich besser.

Das stellt das Konzept der Krankenhäuser infrage. Denn Spitäler sind darauf ausgelegt, dass die Patienten in ihren Betten liegen bleiben – jeder Patient hat heute ein Bett und einen Fernseher. Privatpatienten mit VIP-Sternchen auf dem Namensschild dürfen sich neben dem Arzt auch noch das Menü aussuchen. Das heißt nicht, dass sie deshalb früher entlassen werden, im Gegenteil. Sie sollen liegen bleiben und zur Beobachtung noch eine Nacht oder zwei dableiben. Die Versicherung kommt dafür auf.

Ein Team von Architekten aus Dänemark hat sich mit dieser Problematik beschäftigt. Ihr Lösungsansatz war, Sozialräume zu schaffen, die Patienten motivieren, aufzustehen, um diese Zimmer mit anderen Menschen aufzusuchen. Der Sinn liegt in der Mobilität. Wer geht, lebt. Wer liegt, bleibt liegen.

Der holistische Zugang zur Natur des Menschen

Bewegung hält auch geistig fit und hat einen holistischen Zugang zu unserem Körper und unserer Gesundheit. Sie beeinflusst das Herz-Kreislauf- sowie das Nervensystem. Genauso ist es bei der Ernährung. Sie dient nicht nur zum Sattwerden, sie versorgt uns mit wichtigen Bausteinen zum Aufbau des Körpers, mit Mineralien, Vitaminen und sekundären pflanzlichen Stoffen. Das funktioniert über verschiedene molekularbiologische, zelluläre Prozesse, über die mechanische Natur unserer Organe.

Bewegung hilft der Verdauung. Welche biochemischen Folgen haben Bewegung und Sport? Welche Rolle spielen freie Radikale beim Sport? Und wie verteidigt sich unser Körper gegen sie? Beim Rauchen, Trinken oder bei Erkrankungen? Wie bereitet uns Bewegung überhaupt drauf vor? Welche Zellen werden motiviert, richtig zu arbeiten? Und was macht das dann mit dem Rest unseres Körpers?

Körperkult und Gesundheitskult werden immer wichtiger. Wir brauchen uns nur den beliebtesten Social-Media-Kanal bei Menschen unter 35 anzuschauen. Fast jeder zweite Instagram-Account beschäftigt sich mit dem Thema Abnehmen oder mit irgendwelchen Trainingsmethoden, um den „perfekten Po“ zu bekommen. In Kombination mit dem oft fehlenden Vertrauen in unser Gesundheitssystem sieht man immer mehr präventive Diagnostik-Tools am Gesundheitsmarkt. Es ist ein wachsender Trend im südostasiatischen Raum, dass immer mehr Personen ihre Gesundheit selbst in die Hand nehmen und sich auf verschiedenste neue Methoden verlassen.

Sie lassen ihren genetischen Background messen, im Fachjargon Nutrigenetik genannt, um zu sehen, welche Ernährung sie besser verdauen können und welche nicht. Bei der Nutrigenetik kann festgestellt werden, wie der Körper auf Alkohol reagiert. Oder auf oxidativen Stress. Oder auf die Aufnahme von bestimmten Vitaminen.

Ein zweiter großer Trend neben der Nutrigenetik ist die Vermessung der Mikrobenwelt – des Mikrobioms. Da untersuchen wir die Bakterien im Körper. An vorderster Front steht hier der Darm. In unserem Körper haben wir einen Tunnel, in dem die Außenwelt lebt. Man spricht deswegen von einem Epithel, griechisch für Außenfläche. Auf dieser Außenfläche leben viele unterschiedliche Bakterienzellen – rund, stäbchenförmig, als Einzelgänger oder in großen Gruppen. Es ist ein lebendiges Röhrensystem, das durch den Körper geht. Was unser Körper benötigt, wird absorbiert, der Rest wird unseren Untermietern überlassen oder ausgeschieden. Davon wird später noch die Rede sein.

Bewegung ist wichtiger als Fasten und Ernährungsweisen

Auch unser Immunsystem wird durch körperliche Arbeit und Bewegung unterstützt. Da werden verschiedene Hormone ausgeschüttet, die Einfluss auf unser Hungergefühl oder Glücksgefühle haben. Bewegung unterstützt Denkprozesse, Abläufe im Gehirn gestalten sich effizienter. Bewegung fördert auch unseren genitalen Trakt und die Funktion der Organe. Wir wissen, dass der Mensch durch unterschiedliche Ernährungsweisen wie intermittierendes Fasten oder mediterrane Ernährung sowie durch die Behandlung von Krankheiten im frühen Stadium länger und gesünder leben kann. Alles schön und gut.

Neueste Forschungsergebnisse zeigen, dass die Bewegung aber einen viel stärkeren Einfluss darauf hat.

Sie ist der Lebensmotor.

Fitnessuhren und Schrittzähler sind vor gut zehn Jahren aufgekommen und wurden seitdem stetig verbessert. Sie sind digitale Helferlein, die den ganzen Tag lang Werte erfassen. Die WHO hat die Empfehlung ausgegeben, täglich 10.000 Schritte zu gehen. Eifrige Menschen gehen abends noch einmal außer Haus, um die letzten 2.000 Schritte für ihr Tagessoll runterzuspulen. So genau müssen wir das nicht nehmen. Wer zwischen 5.000 und 10.000 Schritte täglich schafft, ist immer noch gut unterwegs. Darunter bedeutet einen Mangel an Bewegung. Weniger als 5.000 Schritte sind der Beginn vom großen Ende. Wir laufen Gefahr krank zu werden, physisch und psychisch.

Auch der Schlafrhythmus spielt eine bedeutende Rolle für unsere Gesundheit. Mit den digitalen Helferlein können wir ihn messen. Die Albträume nicht.

Im Silicon Valley lassen die CEOs einiger Unternehmen sogar wöchentlich ihr Blut untersuchen, um mit dieser Dichte an Daten mögliche Krankheiten schon im Vorhinein zu erkennen. Viele Menschen möchten derlei Geräte nicht nutzen, da sie ihre persönlichen Daten nicht mit den Anbietern teilen wollen. Wie die Daten ausgewertet werden und was damit wirklich geschieht, ist nicht ganz geklärt. Dass diese Geräte hilfreich sind, steht fest, es kommt nur darauf an, wie sie genutzt werden. Im Notfall fragen Sie Jeff Bezos oder Mark Zuckerberg.

Auch wenn das Mikrobiom, die Genetik oder die digitale Erfassung unserer Werte zum Verständnis und zur Optimierung unseres Körpers beitragen können, sind die Daten, die sie liefern, nur Puzzleteile. Es gibt viele Wissenschaften, die hier ebenfalls mit ins Spiel kommen, beispielsweise die Epigenetik. Sie untersucht, welche Faktoren die Aktivität eines Gens und damit die Entwicklung der Zellen festlegen. Das spielt eine große Rolle bei unserer Gesundheit. Nicht nur die Feststellung, ob der Körper über genügend Proteine verfügt, sondern auch deren Form ist wichtig. Damit beschäftigt sich die Proteomik. Daneben gibt es noch andere zwischenbiologische Stufen, die die Gesamtheit des Menschen zu beschreiben versuchen.

Ein Trend – wenn man es so ausdrücken will – ist die präventive Medizin. Es wird immer wichtiger, dass wir nicht nur Krankheiten heilen, sondern sie erst gar nicht bekommen. Die Vorbeugung hat nicht nur mit unserer Genetik zu tun, sondern viel mehr mit unserem Lebensstil. Und der größte Faktor dabei ist die Bewegung.

Wer ein Flugzeug baut, muss sich im Voraus und ganz genau überlegen, wie es gebaut werden soll, damit es optimal funktioniert. Beim Körper ist es genau andersrum. Wir haben einen Körper und versuchen noch immer zu verstehen, wie er funktioniert. Wir analysieren und lernen unser Flugzeug zu begreifen, während wir fliegen. Dem Verständnis kommen wir immer näher, und wir hoffen, dass das Flugzeug nicht abstürzt.

Was passiert mit unserem Körper, wenn wir trainieren? Wie wird die Leber oder wie werden die Nieren belastet? Denn beim Training stressen wir unseren Körper. Was passiert mit unserem Herz-Kreislauf-System? Wie werden die Nährstoffe zu den Muskeln transportiert? Und was macht der Sport mit unserem Gehirn?

Dieses Buch zeigt, wie die Wissenschaft den Körper-Code des Menschen entschlüsselt.

Auf den folgenden Seiten wollen wir mit dieser Entschlüsselung beginnen. Der Körper bewegt sich. Wir sehen uns zunächst die Muskeln an. Dann gehen wir in die Tiefe, werden immer kleiner. Wir schauen uns die Organe an, die jede Bewegung überhaupt erst ermöglichen. Wenn wir die Organe betrachten, müssen wir uns auch den Zellen zuwenden, die das Organ ausmachen. Wir gehen bis in die Moleküle, die die Prozesse in unseren Zellen steuern. Wie wunderlich das alles zusammenhängt, wie es funktioniert und wie wir uns diese molekularbiologischen Effekte zunutze machen können, erfahren Sie in den nächsten Kapiteln.

Wir bewegen uns weiter, Schritt für Schritt. Weg von Jerrys Fahrern im roten Doppeldecker-Bus dorthin, wo sich das Leben bewegt: in dieser wunderbaren Konstruktion namens Körper.

Machen wir uns auf die Reise.

2. DIE MUSKELN UND DER HERR INSPEKTOR: SPORT SCHÜTZT GEGEN STRESS

In diesem Buch geht es um die Vorteile der Bewegung für unseren Körper.

Welches aber ist das wichtigste Organ, damit wir uns überhaupt bewegen? Wir behaupten, es sei das Herz, weil es die Nährstoffe und den Sauerstoff in alle Organe pumpt und dadurch jede Tätigkeit erst ermöglicht. Man könnte auch sagen, es sei das Gehirn, weil es die Signale an die Muskeln sendet: „Linken Arm heben. Nein, nicht gerade, sondern abgewinkelt. Und rechten Arm schnell nach vorne bewegen. Der Chef will einen Nagel in die Wand einschlagen." Das Hirn gibt den Befehl, und erst dann bewegt sich etwas in unserem Körper. Es ist sozusagen das Kontrollzentrum – „Houston an Körper, wir haben ein Problem." Schön und gut.

Aber eine Rakete wird nicht durch das Kontrollzentrum ins Weltall geschossen, sondern dadurch, dass sie eben eine Rakete ist und Treibstoff hat. Die Struktur der Rakete ermöglicht es ihr, durch die Luft zu fliegen und dabei stabil zu bleiben. Ein Organ ist *per definitionem* „ein in sich geschlossenes selbstständiges System des menschlichen Körpers, das eine bestimmte Aufgabe erfüllt".

Daraus können wir folgern, dass das wichtigste Organ in unserem Körper für die Bewegung die Muskeln sind – inklusive Skelett, das mit den Gelenken unsere Bewegung erst möglich macht. Der Bewegungsapparat ist die Maschinerie, die für die Fortbewegung essenziell ist. Ohne Muskeln kann das Hirn so viele Kommandos geben, wie es will, und auch dem Herzen geht die Luft aus, wenn keine Ansprechpartner da sind, denen frisches Blut in den Tank gepumpt werden kann.

Für die Körperhaltung sind die Muskeln von entscheidender Bedeutung. Und die Haltung wiederum ist wichtig für den gesamten Körper. Auch für unsere Organe. Mit einer gesunden Körperhaltung können sie überhaupt erst richtig funktionieren. Sie ist entscheidend dafür, wie wir atmen. Wenn wir stehen oder gehen, atmen wir anders, als wenn wir mit gekrümmtem Oberkörper sitzen. Die richtige Haltung bestimmt, wie wach oder schläfrig wir sind.

Daraus ergibt sich als glückliche Fügung eine Gleichung: Verbessern wir die Qualität der Muskeln, verändert sich unsere Bewegung. Jemand notiert an der Tafel: $Q \times M = B^2$

Die Typologie der Muskeln

Die Muskeln sind überhaupt ein sehr interessantes Organ. In der Schule haben wir gelernt, dass es zwei Typen von Muskeln gibt: die quer gestreiften mit einer ordentlichen Struktur, deren einzelne Fasern im Mikroskop gut sichtbar sind, und die glatten, deren Struktur nicht so erkennbar ist.

Die glatten Muskeln gehören zu unserem autonomen Nervensystem. Sie funktionieren im Alltag, ohne dass wir über ihre Steuerung nachdenken müssen. Die glatte Muskulatur bildet Organe wie den Magen und die Harnblase, deren Form sich im Rahmen verschiedener Körperfunktionen verändern können muss. Für die Bewegung sind diese Muskeln nicht relevant.

Unsere Skelettmuskulatur besteht aus quer gestreiften Muskeln. Sie sind für die bewusste Bewegung zuständig. Das sind zum Beispiel unser Bizeps, unser Quadrizeps oder die Adduktoren. Zur Skelettmuskulatur gehören rund 400 Muskeln. Diese quer gestreiften Freunde haben lange Zellen, kleine Fäden, die parallel zueinander gebündelt sind. Sie haben eine Kontraktionsrichtung, können sich dehnen und zusammenziehen. Strecken wir einen Arm aus, strecken sich auch die Muskeln darin. Biegen wir ihn ab, ziehen sie sich zusammen. Diese Bewegung ist essenziell und genial. Sonst könnten wir keine Tasse Kaffee zum Mund führen oder keinen Nagel mit dem Hammer einschlagen.

Wenn wir über Bewegung reden, ist es wichtig, nicht nur die Muskeln, sondern auch die Gelenke, die diese ermöglichen, anzuschauen. Beispielsweise die Schulter – aus anatomischer Sicht ein wunderschönes Gelenk. Die Schulter ist ein Kugelgelenk und hat dadurch viel Bewegungsfreiheit. Sie ermöglicht es, den Arm in alle Richtungen zu drehen. Hängen wir etwa an einer Kletterwand, muss die Schulter den Arm in eine andere Richtung bewegen, als wenn wir den Arm einfach nur an der Hüfte angelegt haben, um durch eine schmale Tür zu gehen. Dass sich der Körper an die Umgebung anpassen kann, haben wir den Gelenken zu verdanken. Zwischenapplaus an euch, ihr seid wirklich tapfere Gesellen und so biegsam wie anschmiegsam!

Die Muskeln haben also eine Bewegungsrichtung und eine lineare Struktur. Der geneigte Leser mag fragen: Warum sind so viele Zellen gebündelt, warum sind sie in dieser Struktur? Antwort: Eine einzelne Zelle würde es nie schaffen, die nötige Kraft zu erzeugen. Wenn wir einen Unterarm bewegen möchten, bräuchten wir eine richtig fette, große Zelle. Das wollen wir nicht. Wenn diese eine Zelle einmal abstirbt, wäre es dann aus mit der Bewegung des Unterarms. Die Lösung der Natur: viele kleinere Zellen. Somit kann auch über die Anzahl der Zellen kontrolliert werden, wie viel Kraft der Muskel tatsächlich aufbringen muss. Beim Armdrücken oder beim Schreiben.

Das führt uns gleich weiter zur Funktion des Muskels. Viele glauben: Je mehr Muskeln jemand hat, desto besser. Das ist aber nicht wirklich der Fall. Unser Körper soll seine Funktion erfüllen. Zu voluminöse Muskeln sind nicht gut, auch das ist nicht natürlich. Unser Körper braucht die richtige Menge an Muskeln, damit Bewegungsfreiheit und Effizienz erhalten bleiben. Nicht jeder Arnold ist ein Akrobat, zu viel des Guten macht den Menschen zur starren Maschine.

Eine Millisekunde ist eine Ewigkeit für unsere Zellen

Die Zellen haben ein ganz anderes Verständnis von Zeit. Sie leben außerhalb des Begriffs, den Uhren für uns bedeuten. Ihr Dasein kommt einer temporären Anomalie gleich. Für unsere Zellen ist eine Sekunde eine Ewigkeit, vergleichbar mit einem Jahr für uns. Die meisten Prozesse in den Zellen finden in einer Femtosekunde statt. Das entspricht 10^{-15} Sekunden – selbst eine Millisekunde ist schon relativ viel Zeit für so eine superflinke Zelle. Eine Femtosekunde hat jede Menge Nullen hinter dem Komma: 0,000000000000001 Sekunden.

Wenn wir den Unterarm heben, werden Millionen von Zellen im Bizeps und Trizeps aktiviert, und die müssen ganz genau wissen, was zu tun ist, und jedes Kommando schnell und effizient ausführen. Biochemische Effizienz lebt außerhalb unserer Vorstellungskraft. Da huscht und zischt und flitzt es durch den Körper, dass wir nur so schauen und uns wundern, wie denn das alles möglich ist.

Molekularbiologen wissen: Es sind extrem schnelle Prozesse, wenn die Information übertragen wird und gleichzeitig die Energie dafür produziert werden muss. Parallel dazu muss der Stoffwechsel in der Zelle stattfinden, Entgiftungsprozesse werden gestartet. Die Zellen haben kein Internet oder Smartphone, sie machen das ohne viel Aufhebens. Ihr Wirken besteht aus perfektem Understatement.

Wenn wir uns die Moleküle als Menschen vorstellen, gibt es einen Marathonläufer, der aus dem Kopf rausrennt, komplett erschöpft zum Muskel kommt und seinen Brief übergibt. Ein Schreiben vom Generalsekretär: „Der Arm muss bewegt werden." Dann gibt es den Chef in der Muskelzelle, der fragt: „Wer ist heute da? Wo ist der Peter? Ist der schon wieder zu spät? Den brauchen wir aber. Ist die Mannschaft vollzählig? Sind wir bereit?" Ist alles vorbereitet, kann der Arm bewegt werden. Das alles passiert schneller als jeder Gedankenblitz. Millionenfach schneller, als Sie gebraucht haben, um diesen Absatz zu lesen.

Ist nun das Ziel der Bewegung, einen Marathon zu laufen, brauchen die Muskeln und der gesamte Stoffwechsel ganz andere Eigenschaften, als wenn wir alle 30 Minuten im Büro fünf Minuten spazieren gehen, damit der Herz-Kreislauf fit bleibt. Es sind zwei komplett unterschiedliche

Formen von Stoffwechsel, und die benötigen auch einen anderen Lebensstil. Ein Dwayne Johnson kann nicht die gleichen Muskelfunktionen haben wie ein Usain Bolt. Weil sie hinsichtlich der Funktion ihrer Körper ganz andere Bedürfnisse haben. Der eine verprügelt sieben Gegner auf der Kinoleinwand, der andere rennt sich in die Geschichte.

Diese Anpassung an die Bedürfnisse ist nicht bloß davon abhängig, was wir machen möchten – sie hat auch viel mit unserem Alter zu tun. Ein Neugeborenes hat kaum Kontrolle über seine Muskeln und die Bewegung seines Körpers. Es kann sich nicht auf die Seite drehen, weil die Stabilität der Bauchmuskeln noch nicht vorhanden ist. Die Bewegungsabläufe sind nicht eingespielt. Babys sieht man die mentale und körperliche Anstrengung tatsächlich an. Und sie trainieren den ganzen Tag, um ebendiese Bewegungsabläufe zu meistern. Ein Erwachsener kann sich das gar nicht vorstellen.

Urlaub auf mikrozellulärer Ebene

Der Bewegungsmuffel schüttelt den Kopf. Geh bitte. Warum ist Bewegung so gesund? Wir bewegen uns doch eh vom Bett bis zum Eiskasten. Der Ablauf ist immer gleich, beim Sportler wie beim Couch-Potato. Unsere Zellen bekommen einen Befehl vom Gehirn: „Beweg dich jetzt nach vorne." Sie bewegen sich nach vorne. „Jetzt nach links." Sie bewegen sich nach links. Im Laufe des Tages erhalten sie noch unzählige andere Befehle. Und am Ende des Tages sind sie erschöpft. „Muss mich hinlegen, Schatzi." Sie haben viel gearbeitet, haben alles Mögliche gemacht, was das

Gehirn ihnen gesagt hat, sie können nicht mehr. Sie sind gestresst. Manche müssen in den Urlaub, andere sind im Krankenstand. Zellen sind auch nur kleine Wesen.

Kann es gesund sein, dass Zellen einen Urlaub brauchen? Dieser Aspekt hat große Relevanz. Unser Körper wird durch Bewegung gestresst, weshalb sich die Zellen anstrengen müssen. Sie werden immer wieder mit Stress konfrontiert, dem sogenannten *oxydative stress*. In der Wissenschaftsliteratur kennt man dies als freie Radikale. Diese freien Radikale treten hauptsächlich dann auf, wenn unser Körper gezwungen ist, schnell und viel zu erledigen. Wenn wir krank sind, und ein Virus greift unsere Zellen an, sind unsere Zellen gestresst, und es bilden sich freie Radikale. Dadurch entstehen Entzündungen. Unseren Immunzellen wird signalisiert: Da ist etwas nicht in Ordnung. Dann kommt die Immunzellen-Polizei und sucht alles ab. Es kommt der Inspektor, schaut sich alles an, sagt: „Hoppla, da brauchen wir die Reparatureinheiten eins und zwei. Die werden das wieder in Ordnung bringen." Danke, Herr Inspektor.

Durch die Bewegung der Muskeln wird der Körper ebenfalls gestresst. Vor allem durch Überanstrengung. Da kommt wieder der Inspektor, schaut nach und sagt: „Ach, der Muskel war überanstrengt. Ein schweres Vergehen. Organstrafmandat." Gut gemacht. Jetzt haben wir einen entzündeten, geschwollenen Muskel.

Gehen Sie einmal an einem Freitagabend ins John Harris Fitnessstudio. Da ist das Center voll mit Männern, die ihren Bizeps trainieren. Das machen sie, damit ihre Muskeln – wenn sie am Abend ein enges T-Shirt tragen –

größer ausschauen. Sie versuchen, die Muskeln aufzupumpen. Am nächsten Tag sind sie wieder um 20 % kleiner, aber heute Abend müssen sie wuchtig ausschauen. Balzverhalten nennt man das in der Biologie.

Dieser Effekt des Anschwellens der Muskeln entsteht dadurch, dass der Muskel gestresst wird. Er ist leicht entzündet, und so wird das Volumen größer. Das hat die Funktion, mehr Blut mit Immunzellen in die Muskeln zu bringen, also genau jene Inspektoren, die sich dann anschauen, was los ist und was gemacht werden muss. Die Inspektor-Zelle kommt in den Muskel und sieht: „Alles klar, da war was los, da hat eine Überproduktion stattgefunden." Notiert wird: „Es hat Anstrengung gegeben." Die Inspektor-Zelle schaut sich das immer besonders genau an und sagt mit dem Brustton einer Respektsperson: „Leute, das darf nicht mehr passieren. Wir müssen was unternehmen, damit wir der Unruhe beim nächsten Mal vorbeugen können." Er richtet sich die Krawatte und geht.

Und beim nächsten Mal müssen die Muskelzellen spuren. Man könnte auch sagen: Die Fabrik muss darauf achten, dass es ihren Mitarbeitern gut geht, dass dieser Stress nicht mehr so schlimm ist. Dann werden Stressresistenz-Gene aktiviert, die dafür sorgen, dass die Zellen nicht überanstrengt werden können. Wenn freie Radikale entstehen, müssen sie sofort entsorgt werden, um keinen weiteren Schaden zu verursachen. Denn: Die Funktion der Fabrik ist es, zu produzieren. Und die Funktion der Zelle, also der Muskelzelle, ist es, sich zu bewegen. Sie muss nur dafür vorbereitet sein. Denn die Zelle lernt, mit den freien Radikalen umzugehen. Es werden neue Fabriken gebaut, neue

Muskelzellen gebildet, der Muskel wächst und wird stärker. Bei der nächsten Anstrengung ist das Ganze dann nur mehr halb so wild.

Diese Stressresistenz hilft unseren Zellen, auch mit anderen Arten von Hektik umzugehen. Dazu gab es spannende Versuche mit Hefezellen. Die Wissenschaft liebt Experimente im Kleinen, um daraus Schlüsse auf das große Ganze zu ziehen.

In der Hefe liegt die Würze

Schauen wir uns das einmal unter dem Mikroskop an. Hefezellen sind es gewohnt, bei 28 °C in einer feuchten Umgebung zu leben. Da ist alles schön feucht und warm, und sie können sich gut ernähren. Die Forscher haben sie in den Kühlschrank gepackt und auf 16 oder gar 12 °C heruntergekühlt. Für die Hefezellen war das natürlich der reinste Horror, sie konnten nicht mehr so gut funktionieren. Die chemischen Abläufe in ihnen verlangsamten sich, weil ihnen mit der Kälte Energie aus dem System genommen wurde. Diese Zellen haben, um damit umzugehen, im Laufe der Evolution Stressresistenz-Gene gebildet.

Es wurde übrigens auch das Umgekehrte probiert, und die armen Hefezellen waren plötzlich einer Temperatur von 40 °C ausgesetzt. Das war ihnen ebenso ein Graus, sie dachten: „Puh, verdammt heiß hier drin bei uns." Alle waren wieder gestresst. Nach dem Temperatur-Abenteuer brachten die Forscher die Zellen zu ihrem 28 °C-Brutschrank, sprich zurück in ihr Zuhause. Und sie verglichen sie mit den Zellen, die die ganze Zeit in dieser schönen, ruhigen

Umgebung verbracht hatten. Die Wissenschaftler sahen, dass die Zellen, die einmal, zweimal gestresst worden waren, stressresistenter waren und länger lebten als jene, denen es immer gut gegangen war. Durch den Stress wurden sie stärker.

Kelly Clarkson singt im Hintergrund: „*What doesn't kill you makes you stronger.*"

Aus dem Hefe-Experiment lernen wir: Genau so begegnen auch unsere Zellen dem Stress. Sie verstehen damit umzugehen, lernen, sich mit den freien Radikalen zu arrangieren, denn: Die sind nicht immer schlecht. Freie Radikale sind Signale. Etwas ist los. Wir brauchen Hilfe, brauchen Unterstützung. Wir brauchen den Herrn Inspektor!

Dann kommt er und hält Nachschau, wie das so schön im Amtsdeutsch heißt. Nachschau halten und allenfalls perlustrieren. „Okay, was brauchen wir? Und was kann man dagegen tun?" Dann werden die nächsten Schritte bestimmt, damit das nicht wieder vorkommt.

Beim Sport, bei der Aktivität ist der Stress okay. Der Körper braucht die Bewegung. Man entkommt dem Stress sowieso nicht, aber das muss eben besser ablaufen. Übung macht den Meister. Wenn die Muskeln wieder einmal beansprucht werden, sind unsere Zellen vorbereitet und resistenter gegen andere Arten von Unbill. Übrigens gibt es auch eine Studie, bei der Mäuse Kälte ausgesetzt waren. Was haben deren Zellen gemacht? Sie haben Stressresistenz-Gene eingeschaltet.

Fakt ist: Die Stressresistenz im gesamten Körper wurde dadurch erhöht. Heißt das jetzt, dass wir unseren gesamten Körper mit Sport oder Bewegung stressen? Bedeutet das, Sport und Bewegung sind schlecht? Nein! Das Gute daran ist, dass unser Körper durch den Stress abwehrfähiger gemacht wird. Genau das kommt uns zugute. Wenn die Chefin bis morgen was braucht, wenn der Chef einen verrückten Plan äußert, wenn wir krank werden oder wenn irgendwelche Sachen in unserem Leben passieren, die wir nicht erwartet haben, dann kann uns der Körper in dieser Situation helfen. Weil er für diesen Stress vorbereitet ist. Die Natur hat das so eingerichtet.

Die Evolution schützt uns, wenn wir etwas dafür tun: uns vorher bewegen, damit wir nachher davon zehren können.

Durch diese Belastung werden auch gewisse Moleküle zerstört. Das ist wie bei jeder Maschine. Wenn man sie herumstehen lässt, wird sie rostig. Wenn man sie ständig verwendet und ans Limit bringt, wird sie kaputt. Das Gleiche passiert mit den molekularen Maschinen. Es handelt sich um Enzyme, verschiedene Proteine oder in größeren Strukturen die sogenannten Organellen. Das sind Teile einer Zelle, die eine gemeinsame Funktion haben. Sie sind gewissermaßen kleine Organe in den Zellen. Und zu den wichtigsten Organellen in einer Muskelzelle zählen die Mitochondrien. Wenn diese Strukturen kaputtgehen, hat die Zelle ein Problem. Gott sei Dank hat sie dafür auch eine Lösung.

Die Endosymbiontentheorie – zurück zum Anfang

Gehen wir einen Schritt tiefer in den Muskel hinein. Dafür müssen wir einen kleinen Umweg machen und die Gesamtheit der Lebewesen auf diesem Planeten betrachten.

Lebewesen werden eingeteilt in Prokaryonten und Eukaryonten. Erstere sind die Urformen des Lebens. Das sind die Bakterien, sehr simple Zellen, die meistens nur eine einzige Funktion haben, also Einzeller – eine Zelle ist ein Organismus. Sie haben keinen Zellkern, die DNA schwimmt frei im Zytoplasma herum. Fade Typen.

Als Eukaryonten werden Lebewesen bezeichnet, deren Zellen einen Zellkern haben. Zum Beispiel Pilze, Tiere, Pflanzen. Auch menschliche Zellen gehören zu den Eukaryonten. Also schon interessanter.

Nach der Endosymbiontentheorie sind irgendwann zwei Zellen miteinander verschmolzen. Eine Zelle war in der Lage, Sauerstoff zu verarbeiten. Sie hat sich entschieden, alle lebenswichtigen Funktionen der zweiten Zelle zu überlassen und sich nur um den Sauerstoff zu kümmern. Somit konnte sie mehr Energie gewinnen. So sind die Mitochondrien entstanden – spezialisierte Teile unserer Zellen.

Sind die Muskeln aktiv, brauchen wir diese Energie. Durch die chemische Energie, die freigesetzt wird, durch die Prozesse, die in den Mitochondrien ablaufen, können wir unsere Muskeln bewegen. Daraus entsteht eine mechanische Energie, und die sorgt dafür, dass Bewegung entsteht. Wenn unsere Muskeln ordentlich belastet werden, sei es im Training oder wenn wir ein bisschen schneller gehen oder uns einfach nur im Alltag bewegen – Letzteres ist keine hohe, aber trotzdem eine Belastung –, dann werden die Mitochondrien aktiviert und manche davon beschädigt. Jede Maschine hat ein Ablaufdatum, und je intensiver sie verwendet wird, desto höher ist die Chance, dass sie irgendwann nicht mehr funktioniert.

Das Problem bei den Mitochondrien ist: Wenn sie nicht mehr richtig funktionieren, fangen sie an, Schäden zu verursachen. Sauerstoff ist für unsere Zellen eigentlich Gift, aber mit den Mitochondrien können unsere Zellen Sauerstoff verarbeiten und aus diesem Gift Energie herstellen. Jetzt sind sie aber beispielsweise beleidigt. Dann entstehen die freien Radikale, die weitere Strukturen in der Zelle kaputtmachen und zu Entzündungen führen können. Es kommt zu einer Kaskade von biologischen Ereignissen, die nicht unbedingt erwünscht sind.

Wenn die Mitochondrien ziemlichen Stress haben

Jetzt werden wir ein bisschen biochemisch, wen's interessiert. Also: Durch die Bewegung wird die Mitophagie gefährdet. Das heißt, die kaputten Mitochondrien, die jetzt da sind, werden durch eine spezielle Form der Autophagie abgebaut. Die Makro-Autophagie – puh, schwierig, das ist die dominante Form der Autophagie, die in unseren Zellen abläuft, also jener Prozess in unseren Zellen, der die kaputten Moleküle recycelt und damit die Zelle reinigt. Und diese Form ist nicht sehr spezifisch. Das ist eine allgemeine Autophagie. Es gibt aber auch sehr spezifische Formen der Autophagie, die auf gewisse Moleküle oder Strukturen in der Zelle zielen. Warum gibt es eine spezielle Autophagie für Mitochondrien? Wenn sie kaputt sind, können sie großen Schaden anrichten. Um zu verhindern, dass das passiert, hat die Zelle ein spezielles Schadensminimierungsprogramm entwickelt, und das ist die Mitophagie. Die läuft sogar unabhängig von der Makro-Autophagie an. Würde die Zelle nicht rechtzeitig mitkriegen, dass irgendetwas mit den Mitochondrien los ist, entstünde viel größerer Schaden in der Zelle. Will heißen: Im Hintergrund ist die Hölle los.

Beim Sport und bei der körperlichen Bewegung werden die Mitochondrien gestresst, aber gesund gestresst. Es ist die richtige Funktion der Zelle, nur eben eine deutlich höhere Belastung. Dadurch werden die Zellen belastet, die Schäden kommen an die Oberfläche, und das wiederum aktiviert den natürlichen Verteidigungsprozess in der Zelle – die Mitophagie wird so angekurbelt.

Was bleibt dann übrig? Die Muskelzelle mit weniger Mitochondrien. Was nicht das Ziel der Sache sein sollte, denn wenn die Muskeln mehr Action brauchen, brauchen wir mehr Energie und nicht weniger. Also warum baut die Zelle dann diese Mitochondrien ab, das hat doch überhaupt keinen Sinn?

Antwort: Die Zelle tut das nur, um sich zu schützen. Weil sie plötzlich weniger Mitochondrien hat, wird jetzt die sogenannte Biogenese, also die neue Produktion von Mitochondrien in den Muskeln, angekurbelt. Dann werden neue Mitochondrien produziert, die gut funktionieren. Durch diesen Prozess haben wir unterm Strich ein bisschen mehr Mitochondrien in den Muskeln, aber ihr Zustand ist überproportional besser, weil die kaputten abgebaut und neue, gesunde produziert wurden.

Unser Körper ist kompliziert. Die Abläufe, die darin stattfinden, sind Myriaden von winzigen Wundern. Und sie laufen in jedem von uns ab. Sagen wir einfach danke.

Was nur vier Stunden Bewegung in zwei Wochen ausmachen

Zurück zum Schweiß. Vier bis sechs Sporteinheiten von je 45 Minuten in einem Zeitrahmen von zwei Wochen reichen schon aus, um die Durchschnittsgesundheit unserer Mitochondrien in den Muskeln deutlich zu verbessern. Das kann moderates Gehen sein. Wer mit seinem Hund spazieren geht und keinen besonders faulen Hund hat, ist schon so weit. 45 Minuten dynamische Bewegung bergauf und bergab reichen, um etwas zu verändern.

Dieses Prinzip ist nicht nur bei unseren Muskeln vorhanden, auch in unserem Herzen. Wir haben dabei keinen gezielten Stress auf bestimmte Muskeln, sondern auf den gesamten Körper. Alle unsere Zellen brauchen Energie.

Input, bitte.

Periodisches Fasten kann die Mitophagie im Herzen aktivieren und dadurch die Funktion des Herzmuskels verbessern. Das Schöne an der Bewegung ist: Wenn unsere Muskeln arbeiten, brauchen sie mehr Blut. Im Blut ist mehr Sauerstoff – und genau den braucht die Muskelzelle für die Energieproduktion. Was sie natürlich noch benötigt, sind Nährstoffe, also Kohlenhydrate, Fette und Proteine, damit die Zelle normal arbeiten kann. Vor allem Zucker, damit sie Energie zu Verfügung hat. Wie kommen diese ganzen Moleküle, die Rohmaterialien, in die Zelle? Eben durch die Blutbahn. Das heißt, unser Herz muss bei der Bewegung stärker pumpen. Ergo: Wenn wir uns bewegen, werden nicht nur unsere Muskelzellen gestärkt, sondern auch unser Herz. *We love you!*

So wird bei der Bewegung die Mitophagie im Herz gefördert. Das ist aber nicht der einzige Mechanismus, es gibt noch viel erstaunlichere Erkenntnisse.

Wenn der Muskel zu hart oder zu lange arbeiten muss und nicht mehr genug Sauerstoff bekommt, wird Laktat gebildet. Das ist eine natürliche Säure, die zur Übersäuerung der Muskeln führt. Trainieren wir lange, ist in den Muskeln ein Brennen zu spüren. Das hat jeder, der länger trainiert hat, sicher schon einmal gespürt. Dahinter steckt die Säure. Die Muskeln werden sauer. Wenn sich die Säure-Männchen sagen: „Jetzt dauert das schon so lange. Wir sind aber richtig sauer“, kommt das Laktat-Männchen und löscht mit dem Feuerlöscher die Brände. „*Take the Milky Way!*“, rufen sie. So können die Muskeln weiterarbeiten.

Neue Studien zeigen, wie Muskeln Informationen aussenden

Dazu wurden in den vergangenen Monaten mehrere Untersuchungen publiziert. 2021 hat die Universität Kopenhagen eine Studie veröffentlicht, die beschreibt, dass die Muskelzellen selbst Informationen aussenden.

Viele der Studien, die zum Thema Gene in den letzten Jahren veröffentlicht wurden, kommen von der Universität Kopenhagen. Das könnte möglicherweise damit zusammenhängen, dass sich der Firmensitz von Novo Nordisk in Kopenhagen befindet. Novo Nordisk ist das größte Pharmaunternehmen im Bereich Diabetes und Metabolisches Syndrom und macht 16 Milliarden Euro Umsatz im Jahr. Es dürfte kein Zufall sein, dass dieses Unternehmen die Forschung unterstützt und Studien saftig mitfinanziert. Es zeigt kapitale Muskeln.

Der Informationstransfer im Körper, das haben die Forschungsergebnisse zutage gebracht, funktioniert nicht so, wie wir das bisher gedacht haben.

Zur Erklärung: Die Muskeln sagen dem Körper: „Hey, Moment mal, jetzt kommt die körperliche Anstrengung, wir müssen unsere Physiologie anpassen." Muskeln können eine Zeit lang die ganze Arbeit übernehmen, aber wenn dieser Zustand länger dauert, muss der ganze Körper mitspielen, sonst kollabiert das System. Die Muskeln setzen Substanzen frei, teilweise in Form von zellfreien Nukleinsäuren, also DNA, aber auch die kleine Informations-RNA. Diese Botenstoffe werden in die Blutbahn freigesetzt und gehen in verschiedene Organe, um sie zu informieren, was sie zu tun haben.

Die Kopenhagener Forscher konnten aber zeigen, dass die Muskeln mit dem Gehirn interagieren.

Eine komplett neue medizinische Erkenntnis.

Die Informationsübertragung ist keine Einbahnstraße, sondern geht in beide Richtungen: vom Gehirn über die Neuronen – elektrische Impulse – zum Muskel, aber auch vom Muskel über chemische Botenstoffe, die durch die Blutbahn transportiert werden, zum Gehirn.

Wenn das Gehirn sagt: „Hey, Muskeln, ihr müsst euch bewegen", kommt vom Muskel zurück: „Okay, ich hab mich jetzt bewegt, aber ich brauch das und das fürs nächste Mal" oder: „Damit ich mich erholen kann, brauch ich jetzt diese zwei Sachen."

Sie unterhalten sich in einer anderen Sprache, aber sie reden miteinander.

Warum Dicer-Proteine den Energiestoffwechsel regulieren

Die Muskeln setzen nicht nur Nukleinsäure frei, sondern auch ein Protein, das Dicer heißt. Dieses Protein ist für die Stoffwechselregulation wichtig. Es bestimmt, wie die Zelle Energie produziert. Muskelzellen brauchen Energie in verschiedenen Formen. Anfangs wird einfach Zucker, also Glukose, abgebaut, später Glykogen, eine Kohlenhydrat-Speicherform. Und wenn das alles aufgebraucht ist, greift der Muskel auf die Fettreserven zu. Idealerweise ist in unseren Muskeln nicht viel Fett, und das benötigte Fett sollte von irgendwo sonst im Körper kommen. Vom Bauch oder von der Hüfte etwa. Bislang dachte man, dass diese Dicer-Moleküle, die in den Muskeln produziert werden, allein für den Stoffwechsel verantwortlich sind.

Die dänische Studie von Mai 2021 zeigte, dass ein Teil dieser Dicer-Proteine in der Muskelzelle freigesetzt wird, um den Energiestoffwechsel zu verändern. Sie werden in die Blutbahn geschossen und zum Fettgewebe transportiert, damit das Fettgewebe weiß: „Oh, jetzt muss ich mein gespeichertes Fett langsam abbauen, damit es leichter zu transportieren ist.“ Unsere Blutgefäße sind viel zu klein, dass zwei Kilogramm Speck, also Fett, durchpassen. Daher wird das Fett in kleine Portionen – kürzere Fettmoleküle – zerlegt. Der Muskel verwendet das Fett dann, um Energie zu produzieren.

Der Muskel lebt nicht allein in Isolation, er benötigt Informationen vom Körper und noch viel dringender Nährstoffe und Sauerstoff. Daher ist es wichtig, dass der Blutfluss durch diesen Muskel gut funktioniert. Ein Muskel ohne Blutfluss ist, wie wenn man daheim das Internet abdreht. Keine Verbindung zur Welt. Alle E-Mails weg. Kein WhatsApp, Instagram oder Facebook.

Muskeln können also mit dem Rest des Körpers kommunizieren – eine gänzlich neue Erkenntnis der Wissenschaft.

Wir brauchen gute Nachrichten, bitte schön. Bedeutet das vielleicht, wenn wir unseren Bizeps trainieren, dass auch die Beine stärker werden? Die Antwort: leider nein.

Dazu gab es eine witzige Studie. Die Forscher setzten ihre Probanden auf Fahrräder. Sie mussten dreimal in der Woche 90 Minuten radeln. Die Studie dauerte sechs Wochen. Allerdings radelten sie nur mit einem Bein. Da sah ziemlich schräg aus. Die Forscher wollten untersuchen, ob sich in der Zeit auch etwas beim anderen Bein verändert. Ergebnis: sorry, nein. Nur auf der einen, der beanspruchten Seite waren die Muskeln gewachsen, die Blutgefäße mehr geworden, und es gab deutlich weniger Entzündungen. Gleichzeitig wurde die Durchblutung verbessert.

Auch dieses Beispiel zeigt: Bewegen wir uns, tun wir sich etwas Gutes. Lassen wir es bleiben, geht es uns wie dem Bein, das bei dem Versuch regungslos blieb. Die Durchblutung läuft weniger geschmeidig, und die Muskeln verrosteten mit der Zeit.

Das Leben lässt nach.

Wir verstehen.

Aber bitte nicht so dramatisch.

Der Muskel ist ein dicht bewachsenes, dicht angeordnetes Gewebe mit Muskelzellen. Und die stehen nahe nebeneinander. Dazwischen sind noch die Kapillaren eingebettet, kleine Blutgefäße, durch die Sauerstoff und Nährstoffe angeliefert werden. Wenn der Muskel wächst, müssen auch Anzahl und Anordnung der Kapillaren steigen. Deswegen ist es nicht super, wenn wir Anabolika nehmen und den Muskeln nicht genügend Zeit geben zu wachsen. Es wächst zwar der Muskel, aber die Blutgefäße wachsen nicht proportional mit. Die Muskeln werden nicht ordentlich mit Nährstoffen versorgt und schädliche Stoffe nicht richtig abtransportiert, wodurch die Funktion der Muskeln eingeschränkt ist. Außerdem sind diese Muskeln nicht richtig mit den Nerven verknüpft. Sie schicken Informationen an ganz spezifische Muskelzellen statt an den ganzen Muskel. Das ist, als würden wir eine wichtige Massenausendung per Mail nur an eine Person schicken.

All jenen, die damit spekulieren, ihren Körper mit Hanteln zu verbreitern, sei gesagt: Einen gesunden Muskelaufbau schafft man nur durch lang andauerndes Training. Dranbleiben, trainieren, dann haben die Muskeln alles, was sie brauchen.

Die Muskeln und das Alter – ein Jammer

Jetzt die weniger feine Nachricht: Muskelmasse werden wir natürlich auch verlieren. Bei Studien zum Thema Fasten ist man draufgekommen, dass beim Fasten Großteils Fettgewebe abgebaut wird. Wenn nicht ausreichend Nahrung aufgenommen wird, muss der Körper auf seine Reserven zurückgreifen, und das ist in erster Linie das Fettgewebe.

Was passiert, wenn wir den Körper mit Intervallfasten stressen? Dem Körper werden dabei Nährstoffe weggenommen, und so muss er auf das zugreifen, was verfügbar ist. Wenn sich die Menschen gleichzeitig nicht genug bewegen, entscheidet der Körper: „Ich brauche so und so viel Fett, aber Muskeln brauche ich nicht so viele, ich bewege mich ja eh nicht, aber die Energie brauche ich." Also fängt der Körper an, Muskeln abzubauen. Das ist nicht unbedingt das Ziel von jemandem, der gerade etwas für seine Gesundheit tun möchte. Denn die meisten Menschen haben nicht zu viel Muskelmasse, sondern zu wenig.

Wer gerade eine Fastenkur macht: Unbedingt die Bewegung integrieren! Das kann auch leichtes Training wie Yoga oder Pilates sein. Alles außer Nichtstun.

Je älter wir werden, desto geringer wird auch unsere Muskelmasse. Sie nimmt mit der Zeit ab. Oje. Die Forschung zeigt, dass jegliche Art von Widerstandstraining förderlich ist, um diesem altersbedingten Rückgang der Muskeln entgegenzuwirken. Allerdings machen viele Menschen beim Training im Fitnesscenter Fehler. Sie heben Gewichte falsch an oder belasten ihren Körper nicht richtig, wodurch Gelenke und Wirbelsäule beschädigt werden.

Wenn eines Tages die Muskeln weniger werden – und das werden sie bestimmt –, fällt immer mehr Belastung auf beschädigte Knochen und beeinträchtigte Gelenke, und dann tut's weh. Aber richtig. Solange der Mensch Muskeln hat, die diese Schäden ausgleichen können, ist alles in Ordnung. Aber eines Tages werden sie weniger. Und die Schäden, die durch das Training entstanden sind, kommen ans Tageslicht. Meistens ist es dann zu spät.

Auch Abwechslung im Training ist wichtig. Sonst kommt es zu Dysbalancen, die zu Verspannungen im Körper führen. Übergewichtige Menschen sollten sehr vorsichtig mit gewissen Übungen sein, die die Gelenke belasten, weil die betroffene Person schon ein beträchtliches Körpergewicht mit sich rumträgt und die Gelenke irgendwann unter der Last zu ächzen oder zu knacksen beginnen. Da ist das Gehen die beste Form der Bewegung, weil sie moderat ist.

Gehen statt hetzen.

Menschen wiederum, die Muskelmasse aufbauen und Fett verbrennen wollen, sei geraten, aktiv ihre Muskeln zu trainieren und ins Fitnesscenter zu gehen. Schwimmen ist gut für alle, die gelenkstechnisch vorbelastet sind.

Bester Tipp: Nachfragen und schauen, was uns guttut.

Das Elefantengehirn der Muskeln

Haben Muskeln ein Gedächtnis? Es gibt den Begriff „Muscle Memory". Gemeint ist damit beispielsweise, dass ein Gitarrist lernt, wie gewisse Griffe funktionieren, und er gar nicht darüber nachdenkt, was er wie spielt. Seine Fingermuskeln wissen von allein, welche Saite sie auf welchen Bund drücken müssen. Gleiches gilt, wenn jemand schon einmal im Leben über einen längeren Zeitraum hinweg trainiert hat, dann einige Zeit nichts gemacht hat und irgendwann wieder mit dem Training beginnt – die Muskeln „erinnern" sich.

Okay, Muskeln werden nach einiger Zeit abgebaut. Fängt ein ehemaliger Marathonläufer, eine Ex-Schwimmerin oder ein Ex-Ruderer nach Jahren wieder zu sporteln an, werden die Muskeln schneller wieder aufgebaut. Das funktioniert deswegen, weil einige Informationen in den Zellen noch übrig sind und eine gewisse Struktur bereits vorhanden ist. Kapillaren und Nerven werden zum Teil abgebaut, aber nicht so stark wie die Muskelmasse.

Stellen wir uns eine fiktive Stadt in irgendeinem Land vor. Früher hat dort die Wirtschaft geblüht, die Straßen-Infrastruktur war bestens ausgebaut. Dann kam es in dem Land zu einem Krieg. Die Stadt wurde verlassen und ist jetzt menschenleer. Die Straßen, die Gebäude aber sind noch immer da. Würden wieder Menschen dorthin ziehen, könnten sie auf die vorhandene Infrastruktur zurückgreifen. Mit Arbeit, aber mit deutlich weniger Arbeit, kann daraus wieder eine Stadt entstehen.

In unserem Körper funktioniert das genauso, sogar über lange Zeit. Und zwar dank der Epigenetik. Muskeln haben ein Gedächtnis. Selbst wenn Menschen 65 Jahre alt sind, können sich die Muskeln daran erinnern, was sie mit 15 gemacht haben. Sie können deutlich einfacher wieder aufgebaut werden als bei jemandem, der noch nie trainiert hat.

Sie wissen das von früher.

Die Bibliothek der besonderen Art

Die DNA ist die effizienteste Speicherform von Information in der Natur, die wir kennen. Da sind unsere Gene drauf. Es ist wie eine große Bibliothek. Die Epigenetik ist eine Anleitung, zu welchen Büchern wir greifen müssen, um unsere Aufgaben erledigen zu können. Kein Mensch kann alle Bücher gleichzeitig lesen. So kann auch die Zelle nicht die gesamte DNA auf einmal prozessieren. Die DNA ist leicht negativ aufgeladen. Sie hat eine regulatorische und protektive Schutzhülle, die aus verschiedenen Molekülen – hauptsächlich Proteinen, sogenannten Histonen – besteht. Beispielsweise durch eine kleine Extension auf den Proteinen lockert sich die Struktur der DNA, sie wird eine Spur größer.

Das ist, als ob wir in der Bibliothek durch die Reihen gehen, und plötzlich schaut ein Buch im Regal ein bisschen heraus. Sozusagen als Zeichen: Dieses Buch muss du angreifen, nimm es, lies es.

Durch die Methylierung der Histone wird diese Schutzhülle dichter, weil positive und negative Ladungen zusammengebracht werden, die sich anziehen. Dann ist die DNA schwerer zu erreichen. Bei einer negativen Ladung der Histone durch Acetylierung hingegen, ist die DNA aufgelockert. Die Bücher stehen leicht aus dem Regal heraus.

An der Karolinska Universität in Stockholm wurde im Jahr 2020 eine Studie dazu durchgeführt. Die Forscher schauten sich an, wie die Gene abgelesen werden. Wenn jeder Mensch DNA-Bibliotheken hat – welche Bücher werden dann wie oft gelesen? Wobei jeder Mensch für sich eine Bibliothek ist. In der Studie haben die Wissenschaftler die Unterschiede zwischen den Geschlechtern untersucht. Die Fragestellungen lauteten: Gibt es einen Effekt des körperlichen Trainings, gibt es Effekte des Geschlechts, und wenn ja, wie sind diese miteinander verbunden?

Die Forscher kamen zu einem erstaunlichen Schluss: Es gibt 450 Gene, die zwischen trainierten und untrainierten Menschen unterschiedlich gelesen werden. Bemerkenswert dabei war, dass die Unterschiede zwischen trainierten Männern und trainierten Frauen um 70 % geringer waren als zwischen untrainierten Männern und untrainierten Frauen. Die beiden Geschlechter kamen sich durch das Training näher. Ein molekulares Rendezvous. Die Unterschiede betreffen zum Teil viele Gene, die erklären, warum Frauen länger leben als Männer, warum sie generell gesünder und weniger anfällig für Herz-Kreislauf-Erkrankungen sind.

Was das Risiko für gewisse Krankheiten betrifft, sind untrainierte Männer und untrainierte Frauen also zwei Paar Schuhe. Wenn sie trainiert sind, kommen sie sich statistisch sehr nahe.

Wir sehen, was die moderne Forschung postuliert: Gerade für Männer ist es wichtig, nicht zu Hause zu sitzen und im Fernsehen Fußball anzuschauen, sondern selbst spielen zu gehen. Oder joggen. Oder wandern. Oder was auch immer.

Sport machen statt Sport zuschauen ist die Parole.

Wenn Männer trainieren, verringert sich das Risiko, im Alter an einer Vielzahl von unschönen Dingen zu erkranken.

Nicht iss was G'scheits, sondern mach was Gscheit's!

3. EINE ZIEMLICH DUMME LUNGE: RICHTIG ATMEN SENKT DEN BLUTDRUCK

Jemand hustet verlegen und fragt: „Was, bitte schön, macht eigentlich die Lunge genau?“

Sie ist eines der wichtigsten Organe in unserem Körper, aber auch – unter Anführungszeichen – ein sehr dummes Organ. Die Lunge macht nicht viel. Sie ist ein Luftballon, der kontrolliert, welche Gase reinkommen und welche Gase rausgehen. Das war’s. Die Luft von außen wird eingeatmet, daraus werden Gase aufgenommen, vor allem Sauerstoff. Die Abgase unserer Zellen – beim Verbrennen von Energie entsteht Abgas, Kohlendioxid – werden wieder ausgeatmet. Die Lunge nimmt also aus den Blutgefäßen das CO_2, und wenn wir ausatmen, kommt die Luft mit weniger Sauerstoff und mehr CO_2 aus unserer Lunge heraus. Die Funktion ist jetzt keine wirklich komplexe. Vereinfacht gesagt, haben wir einen Filter, der Sauerstoff in die eine Richtung und Kohlendioxid in die andere Richtung durchlässt. Als Organ muss man da nicht rasend viel nachdenken.

Betrachten wir die Lunge einmal genauer. Stellen wir uns einen runden Ballon vor. Der wird mit einem Liter Luft gefüllt. Die Fläche dieses Ballons ist nur die Schale. Würde dieser Ballon jetzt so arbeiten wie die Lunge, könnte der Austausch der Gase nur durch die Wand stattfinden. Unser Atmungsorgan ist allerdings ein bisschen komplexer aufgebaut. Es gibt viele kleine Komponenten. Die Lunge besteht aus Bronchien und Alveolen. Die Bronchien sind kleine Bläschen und die Alveolen noch viel kleinere Bläschen.

Sie sehen wie Weintrauben aus. Insgesamt ergibt das eine große Fläche, in der möglichst viel Luft in kurzer Zeit ausgetauscht werden kann.

Was brauchen wir dafür? Die Atemmuskulatur. Sie ist nicht nur wichtig beim Sport, sondern auch beim Schlaf, beim Essen – eigentlich immer. Die Muskeln im Zwerchfell, die unsere Lunge nach oben und unten bewegen, erlauben uns, tief ein- und auszuatmen. Die meisten Menschen atmen im Alltag flach. Und selten. Gerade im Alltag, wenn wir an unserem Rechner sitzen, wo wir komplett auf die Arbeit fokussiert sind. Es wird ein wenig eingeatmet und leise ausgeatmet, aber die meiste Luft bleibt eigentlich in der Lunge sitzen. Die Lunge wird nicht wirklich aktiviert. Atmen wir flach, kommt die Luft, die wir einatmen, nicht überall hinein. Je stärker wir einatmen, desto besser werden die Alveolen und Bronchien mit der sauberen Luft durchgewaschen.

Das bedeutet: Wenn wir uns wenig bewegen, brauchen wir nicht mehr Luft. Wir müssen nicht wirklich tief einatmen, damit es uns gut geht. Das Problem ist: Atmen wir nicht aktiv ein, arbeitet auch die Atmungsmuskulatur nur passiv. Und wie bei allen anderen Muskeln: Wenn sie nicht verwendet werden, werden sie abgebaut. Die Funktion unserer Lunge nimmt mit der Zeit ab, sie ist nicht mehr resistent.

Und wenn wir einmal tief einatmen müssen, weil es unser 77. Geburtstag ist und 77 Kerzen auf der Torte sind, dann werden wir nicht alle Kerzen ausblasen können. Es braucht ein paar Anläufe. Diejenigen hingegen, die gute Atmungsmuskeln haben, müssen aufpassen, dass sie ihr Gebiss nicht in die Torte rausblasen.

Diese flache Art des Atmens setzt unserem Gehirn Scheuklappen auf. Am besten lässt sich das an einem Beispiel erklären: Viele Menschen haben, wenn sie zum ersten Mal Gerätetauchen gehen, ein Problem. Der Kopf ist sofort in einem Automatismus gefangen und denkt: „Unter Wasser kann man nicht atmen." Wenn man zum ersten Mal abtaucht, sagt diese innere Stimme: „Nicht atmen! Wir haben das mit acht Jahren gelernt. Unter Wasser atmen wir nicht."

Dann realisieren die Leute, dass sie schon viel zu lange die Luft anhalten, keine frische Luft bekommen, und geraten in Panik. Das kann schlimm ausgehen. Sie verlieren auch gleich die periphere Sicht, können nur noch das sehen, was direkt vor ihren Augen passiert. Nach rechts und links sind sie so gut wie blind. Aber wenn sich die Leute im richtigen Moment sagen: „Wir haben das zwar anders gelernt, aber vielleicht sollten wir es doch einmal ausprobieren?" und tief einatmen, funktioniert plötzlich wieder alles. Die Scheuklappen verschwinden, es erweitert sich das Sichtfeld, der Horizont. Ahhh!

Durch tiefes Ein- und Ausatmen wird uns bewusst, was rund um uns passiert, und wir sehen die Dinge leichter.

Vielen Leuten fällt gerade beim Sport etwas ein. Da kommen geniale Ideen. Sie gehen Schwimmen oder Laufen, und danach wissen sie, wie sie ihre Probleme angehen sollen oder sogar lösen können. Weil sie durch die Bewegung, durch das tiefe Ein- und Ausatmen plötzlich die Scheuklappen verloren haben. Die klare Sicht ist auf einmal da, die Erkenntnis materialisiert sich.

Das Sauerstoff-High für zu Hause

In der Pandemie haben sich einige Mediziner für zu Hause Beatmungsgeräte besorgt. Zur Sicherheit, man kann ja nie wissen, wann einem die Puste ausgeht. Das war reiner Sauerstoff in Flaschen, den sie eben mit Masken einatmen konnten. Wenn ein normaler Mensch ein bisschen mehr Sauerstoff, also hundertprozentigen Sauerstoff, bekommt als üblich, erreicht er ein leicht erhöhtes Bewusstsein; er ist high, wie bei gewissen Drogen. Dieses High entsteht durch den sogenannten *oxygen rush.*

Der Stoffwechsel der Zellen im Gehirn wird stark angefeuert. Wie zu Silvester. Es findet ein Feuerwerk im Kopf statt. Diesen Effekt kann aber auch mit bewussten Atemübungen erreicht werden, die vom Yoga her bekannt sind. Es gibt Yoga-Methoden, die nach 10–15 Minuten Training schon ein gesteigertes Bewusstsein erzeugen. Nur weil wir dem Gehirn durch bewusste Atmung mehr Sauerstoff zuführen. Manche beschreiben das als Nirvana, Trance oder eine andere Bewusstseinsebene – da prickelt alles im Gesicht. Wir fühlen uns wie eine Mineralwasserflasche, prickelnd, nicht still.

Beispielsweise bei Yin-Yoga, bei dem langsame Übungen und Dehnungen durchgeführt werden. Die Gurus sagen: „Man atmet in den Körper hinein und aus dem Körper hinaus“, also tief und langsam. Was hier passiert, ist, dass die Muskeln angestrengt werden. Es kommt zu einer Dehnung der Muskelfaser. Gerade deswegen wird in dieser Situation die Atmung gesteigert. Das gesamte CO_2, das durch den Stoffwechsel zustande kommt, wird ausatmet. Dann atmen wir wieder

Sauerstoff ein und Kohlendioxid aus. Dieses langsame, tiefe Atmen sorgt für eine leichte Entgiftung, und gleichzeitig trainieren wir unsere Atmungsmuskulatur.

Das Nirvana-Gefühl kommt von einer Sauerstoffübersättigung im Gehirn. Es ist nicht immer gesund und nicht dauernd zu empfehlen, aber in der Gesellschaft, in der wir leben und eigentlich wenig atmen und wenig Sauerstoff bekommen, dürfen wir uns nicht wundern, warum unsere Gehirnleistung leicht reduziert und mitunter gelähmt ist. Denn wir atmen zu wenig.

In der Geschichte der Menschheit gab es einen Wechsel von der gesellschaftlich akzeptierten Droge Alkohol zur gesellschaftlich akzeptierten Droge Kaffee. Von einer Droge, die Menschen sediert, zu einer anderen, die Menschen aktiviert. Nach diesem Wechsel kam plötzlich die Ära der Innovation. Wir befinden uns am Beginn der nächsten Industriellen Revolution, der Digitalisierung, damit unser Gehirn mehr leisten kann. Wir sind nicht mehr die ganze Zeit gedämpft, sondern aufgeputscht.

Aber wir sitzen vorm Computer, machen wenig Bewegung, haben eine flache Atmung – das ist eigentlich der Gegenzug. Wir zwingen uns mit unserer Lebensweise wieder in den sedierten Zustand. Wir gehen mit Scheuklappen durchs Leben und machen nur das, was uns aufgetragen wird. Wir bedenken nicht mehr größere Dinge, schauen nicht in die Umgebung, nicht mal auf unseren Körper. Dadurch reduzieren wir unsere Leistung. Wir stufen uns unbewusst in einen Stand-by-Modus herab.

Beim Training allerdings strengt sich der Körper an, wir brauchen eine intensivere Atmung. Unsere Muskeln benötigen den Sauerstoff, der gesamte Körper ist besser durchblutet, dadurch erfolgt ein besserer Austausch der Gase. Es ist wirklich so, dass durch das körperliche Training auch unsere Lungenkapazität vergrößert wird. Unsere Muskeln können sich besser dehnen und mehr Luft aufnehmen.

Viele Menschen haben – gerade beim Training – Schwierigkeiten, durch die Nase zu atmen. Der Körper braucht mehr Sauerstoff, aber weil sie etwa eine Nasenscheidewandverkrümmung haben, atmen sie durch den Mund. Dabei ist die Nase ein viel besserer Filter für Viren und Bakterien.

Was können diese Menschen nun tun, um ihren Körper auf Nasenatmung zu trimmen? Einfach durch die Nase atmen. Das braucht seine Zeit, bis es von selbst funktioniert. Doch die Nasennebenhöhlen haben eine gewisse Formbarkeit, sie können sich ein bisschen weiten.

30 Mal am Tag tief ein- und ausatmen stärkt das Herz

Können wir die Lungenmuskultur eigentlich auch gezielt trainieren, ohne Sport zu betreiben? Diese Frage stellen sich Forscher seit mehr als 30 Jahren. Dazu wurde ein Gerät entwickelt, das IMST (High-Resistance Inspiratory Muscle Strength Training). Mit diesem atmet man durch ein Rohr ein, das einen Widerstand, eine Art Membrane, hat – man atmet schwerer ein. Dadurch muss sich die Muskulatur mehr anstrengen. Dieses Gerät ist allerdings umstritten.

Aber eine Studie, veröffentlicht am 29. Juni 2021 im *Journal of the American Heart Association*, hat gezeigt, dass täglich fünf Minuten Training mit dem Gerät einen großen Effekt erzielen. Wer die Funktion seiner Atmungsmuskulatur stärken will, für den ist dies sogar eines der besten und effizientesten Trainings.

Man merke: 30 Einatmungen pro Tag, sechs Tage die Woche – das ist in weniger als fünf Minuten pro Einheit erledigt. Und das führt dazu, dass die Menschen eine deutliche Steigerung an Lungenvolumen und stärkere Atmungsmuskeln bekommen. Die Effekte sind vergleichbar mit einem 30-Minuten-Work-out pro Tag. Nur dass die restlichen Muskeln nicht aktiviert werden.

Und es wirkt sich auch noch positiv auf die Herzgesundheit aus. An der Studie nahmen Personen im Alter von 50–79 Jahren teil. Sie hatten alle leichten Bluthochdruck. Durch das Atemtraining verbesserten sich ihre Werte deutlich, konkret um 12 mmHg. Der Blutdruck wird in der Einheit „Millimeter Quecksilbersäule" gemessen. Hg steht für Hydrargyrum, was lateinisch Quecksilber bedeutet. Dabei ist 1 mmHg der Druck, den eine Quecksilbersäule von 1 Millimeter Höhe ausübt. 12 mmHg ist recht viel. Manche Medikamente zur Senkung des Bluthochdrucks schaffen das nicht einmal. Und nebenbei hat sich durch diese Atemübungen auch noch die Funktion der Arterien verbessert.

Blutgefäße sollten grundsätzlich elastisch sein, damit sie sich dehnen oder enger werden können. Das ist wie bei einem Gartenschlauch. Schicken wir zehn Liter Wasser hindurch, wird bei einem dicken Schlauch das Wasser nur raustropfen, bei einem dünnen Schlauch wird es mit hohem Druck schnell herausspritzen.

Für die Versorgung unserer Organe mit Blut, Sauerstoff und Nährstoffen ist es wichtig, dass die Gefäße elastisch sind.

Sie müssen sich dehnen und zusammenziehen können, um in verschiedenen Situationen flexibel zu sein. Denn es macht einen Unterschied, ob wir gerade irgendwo chillen und verdauen oder ob wir mit einem Löwen kämpfen müssen. Manchmal ist es wichtiger, dass eben die Muskeln besser mit Blut versorgt werden, manchmal der Magen oder das Gehirn. Bei allen Menschen, die diese Atmungsübungen gemacht haben, war diese Regulation 75 % höher als bei der Vergleichsgruppe, die keine Übungen gemacht hat.

Wenn wir mit einem Kajak über den See fahren, Stand-up-Paddling machen, Tennis spielen – egal, welche Sportart wir betreiben: Nach einer gewissen Zeit kommen wir automatisch in diese schwere Atmung hinein. Auch beim Sex kommt irgendwann das Schnaufen. Es muss keine Fitnessübung sein, und nicht nur dieses Atmungsgerät führt zu dem positiven Effekt. Es gibt verschiede Bewegungen, die unserem Körper guttun. Gerade die bewusste und starke Atmung hilft in erster Linie unserer Lunge und der Lungenmuskulatur. In weiterer Folge wird der Blutdruck reduziert, und unsere Gefäße können besser reagieren. Auf diese Weise tun wir unserer Herz-Kreislauf-Gesundheit etwas Gutes.

Ein und aus.

Ein und aus.

Tief atmen.

30 Mal am Tag.

Wir können dem Körper beibringen, dass tiefe Atmung gesund ist. Wenn wir es gewohnt sind, satt zu atmen, muss das auch nicht mehr bewusst erfolgen. Der Körper lernt, dass das gut für ihn ist und er dadurch belohnt wird.

Singen unter der Dusche beugt einem Lungeninfekt vor

Einerseits wird die Lunge krank, wenn sie steif wird. Wenn sie nicht mehr flexibel ist, wird sie hart, es bildet sich Narbengewebe. Ein Luftballon wird aus Gummi gemacht und nicht aus Stein, weil ein Stein sich nicht leicht dehnen lässt. Und ein Narbengewebe ist eher mit einem Stein vergleichbar als mit einem Gummi. Die Steifheit der Lunge steigt mit dem Alter. Gerade durch das Training können wir es schaffen, die Elastizität wieder zurückzugewinnen.

Der zweite Grund, warum die Lunge oft krank wird, sind Infektionen. Die saubere Luft, die wir einatmen, ist leider nicht immer so sauber, wie sie sein sollte. Das passiert nicht nur im Sommer, wenn sich in einer Klimaanlage irgendein Bakterium versteckt. Wenn es sehr heiß ist, drehen die Leute die Klimaanlage voll auf. Und dann werden sie krank, ziehen sich einen Lungeninfekt zu. Sie husten und röhren – und das nicht wegen Corona.

Wir können unsere Lunge unterstützen. Zum Beispiel, wenn wir nach dem Training duschen gehen. Zugegeben, das klingt jetzt nicht sonderlich aufregend. Nach einer körperlichen Anstrengung, bei der wir ins Schwitzen gekommen sind, wird sich fast jeder duschen. Warum können wir damit aber gerade unserer Lunge etwas Gutes tun? Durch die Luftfeuchtigkeit, die durch das warme oder heiße Duschen entsteht, können wir Bakterien besser aus dem Rachenraum in die Luft ausatmen.

Es gibt sogar Studien, die zeigen, dass Menschen, die unter der Dusche singen, eine gesündere Lunge und weniger

Lungeninfekte haben als jene, die schweigen. Das Singen ist nichts anders als schweres Ausatmen, nur etwas melodischer, zumindest bei manchen Menschen.

So leicht, wie wir diese Bakterien ausatmen, so einfach werden sie auch wieder eingeatmet. Wenn in einer Dusche etwas schimmelt, atmen wir diese Bakterien oder Pilze leichter ein. Ein ausreichend bis hoher Hygienestandard in einer feuchten Umgebung, eben im Bad, ist also besonders wichtig.

An dieser Stelle bietet sich ein Lied von Gloria Gaynor an. *I Will Survive* – bitte unter der Dusche singen.

„*At first I was afraid, I was petrified*
Kept thinking I could never live without you by my side
But then I spent so many nights thinking how you did me wrong
And I grew strong
And I learned how to get along …"

4. DAS HERZ, KILLER NUMMER EINS: SO WIRD DAS GUTE CHOLESTERIN AKTIVIERT

Im Vergleich zu Krebs, maroden Lungen oder bakteriellen Infektionen sind Herz-Kreislauf-Erkrankungen der beste Auftragskiller auf diesem Planeten. Ungefähr ein Drittel der Weltbevölkerung – anderen Statistiken zufolge sogar die Hälfte – hat bereits Herzprobleme oder eine Form von metabolischen Störungen, die später zu Herzproblemen führen, dazu Herzrhythmusstörungen oder verengte Blutgefäße. Der Beruf des Kardiologen ist zukunftsträchtig und krisensicher.

Mit der alternden Bevölkerung steigen Herzerkrankungen exponentiell. Der Wohlstand der Bevölkerung spielt natürlich auch eine Rolle. Die Menschen haben leichteren Zugang zu Nahrung, machen weniger Bewegung und verrichten Jobs, bei denen sie fast ausschließlich sitzen. Auch das Leben in den Städten ist ungesund – aber immer mehr Menschen ziehen dorthin. Das Urbane ist wie ein Magnet.

2050, so prognostizieren die Vereinten Nationen, werden mehr als 70 % der Menschen im urbanen Raum leben. Die Luft ist schlechter als in einer Gemeinde auf dem Land, die Menschen sind mit dem Auto, der U-Bahn oder dem Bus unterwegs und verbringen ihre Freizeit ungern draußen. Damit steigt die Wahrscheinlichkeit für eine weitere Zunahme von Herz-Kreislauf-Erkrankungen. Geforscht wird viel.

Einer der Gründe, warum körperliche Bewegung in den Fokus der Forschung gerückt ist: Bei Herzerkrankungen ist Übergewicht eines der größten Risiken. Wenn wir uns die Statistiken der vergangenen Jahre anschauen, finden wir einen stetig steigenden Anteil an Adipositas in der Bevölkerung. Gewichtige Zahlen. Und zwar nicht nur in den USA, sondern auch in Europa, in Deutschland und in Österreich. Diese Ergebnisse aus den Statistiken stehen indirekt proportional zur körperlichen Bewegung. Wer sich mehr bewegt, bei dem ist die Wahrscheinlichkeit natürlich geringer, zu viel Speck anzusetzen.

Es ist interessant, anzuschauen, wo sich die Menschheit im Spektrum der Bewegung befindet. Bewegen sich die Menschen zu wenig, genug oder zu viel? 28 % der Weltbevölkerung sagen selber, dass sie nicht ausreichend Bewegung machen.

Jeder vierte Mensch hat einen rostigen Lebensmotor. In Wahrheit sind es aber mehr.

Alle diese Personen haben mit sich und dem Leben zu kämpfen. Sie sind Patienten. Alle haben Schwierigkeiten mit den Blutgefäßen, Probleme mit dem Herzen und Beschwerden mit dem Herz-Blutkreislauf. Als wäre das nicht genug: Die körperliche Inaktivität steigt bei diesen Menschen noch an. Eben weil sie schon angeschlagen sind, bewegen sie sich noch weniger. Laut Statistiken für Herzerkrankungen, Bluthochdruck, Diabetes, Depressionen oder Schlaganfall bekommen viele auch zusätzliche Erkrankungen der Blutgefäße und des Herzens. Die einzige Erkrankung, bei der es überhaupt keine Korrelation zwischen der Krankheit und Bewegung gibt, ist Krebs. Krebspatienten bewegen sich gleich viel wie normale Menschen.

Es ist schwer, zu sagen, ob der Mangel an Bewegung die Erkrankung verursacht hat oder die Erkrankung dann den Mangel an Bewegung hervorruft. Wo der Teufelskreis beginnt und endet, zeigt sich nicht exakt. Bei Menschen, die Probleme mit dem Herzen haben, wird das Blut nicht mehr richtig durch den Körper gepumpt, aus diesem Grund haben sie Probleme mit der Sauerstoffsättigung. Die Patienten können nicht mehr so weit gehen, nicht mehr so viel Sport betreiben, und wenn sie nur zu Hause sitzen, wird alles noch schlimmer.

Anstatt sich vermehrt auf die Prävention zu konzentrieren, richten Gesundheitssysteme ihr Augenmerk auf das Symptom.

In den USA werden jährlich 860 Milliarden Dollar für chronische Erkrankungen ausgegeben. Die Versorgung und Pflege der über 50-Jährigen kostet in den Vereinigten Staaten eine knappe Billion Dollar pro Jahr. Das ist viel Geld.

Ein weiterer Blick in die Statistiken zeigt, dass vier von fünf Erwachsenen mit derartigen Erkrankungen von Bewegung profitieren würden. Das sind 80 % dieser Patienten, die jedes Jahr in den USA Kosten von 860 Milliarden Dollar verursachen. Also 688 Milliarden Dollar. Die Kranken könnten, nur wenn sie sich mehr bewegten, gesünder werden, und damit würden auch die immensen Kosten schrumpfen. Aber offensichtlich gibt es da andere Interessen.

Bewegung bringt weniger Profit als pharmazeutische Therapie. Und Pillen zu schlucken ist leichter, als jeden Tag 30 Minuten Bewegung zu machen, wurscht, was es kostet.

Das gute und das schlechte Cholesterin

Über Herz-Kreislauf-Erkrankungen wissen wir – Gott sei Dank – sehr viel. Deswegen können wir die Funktion des Herzens beobachten. Warum ist Bewegung überhaupt für unser Herz, unsere Blutgefäße so gut? Wie funktionieren eigentlich die Energieproduktion und der Energieverbrauch im Körper, wenn wir uns bewegen?

Muskeln brauchen Zucker für die Energie, für die Bewegung. Gerade in der ersten Phase der Energiegewinnung. Ist dieser Zucker aufgebraucht, sucht der Körper nach Reserven. Und findet Glykogen. Das sind einfache Zucker, verpackt in kompakte, komplexe Pakete. Wir können uns das so vorstellen: Auf dem Tisch steht das Essen, der Kühlschrank ist voll, und im Vorratsschrank liegt noch die Reserve. Der Glykogenspeicher ist der Kühlschrank, und der ist ausschließlich in den Muskeln zu finden. Eben gleich dort, wo die Energie benötigt wird. Er ist die zweite Linie der Energiebeschaffungsstrategie. Ist auch diese Energie aufgebraucht, wird die Reserve aus dem Vorratsschrank angezapft. Dann geht es los mit der Fettverbrennung.

In unserem Körper wird Fett in einer Mischform aus Cholesterin – das kennen wir aus unserem Blutbefund – und Protein transportiert. Die Größe dieser Partikel, des Cholesterins und der Proteinmischungen, bestimmt die Eigenschaften, die die verschiedenen Risiken eines Menschen für eine Herz-Kreislauf-Erkrankung ausmachen. Manche Partikel, also sehr kleine Teilchen, können sich gut in irgendwelche Unregelmäßigkeiten der Blutgefäße einhaken. Bleibt ein Partikel irgendwo hängen, passiert noch nicht viel. Aber mit der Zeit bleiben dort mehrere Partikel hängen, sie sammeln sich an. Das kennen wir als Atherosklerose.

Die sogenannten Plaques, kleine Partikel, bleiben irgendwo hängen und können sich dort verankern. Die großen fahren einfach drüber, weil sie schlichtweg zu groß sind, um sich festzukrallen. Sie werden ohne große Probleme weitertransportiert. Je kleiner die Partikel sind, desto höher ist die Wahrscheinlichkeit, dass sie sich irgendwo in den Blutgefäßen ansammeln und nicht zur Leber transportiert werden, also in den Blutgefäßen hocken bleiben wie schlechte Gäste.

Was passiert jetzt? Die Blutgefäße verengen sich. Das ist ähnlich wie in der Küche oder im Bad, wenn sich die Leitungen oder Ableitungen verfetten und der Durchlass eng und immer enger wird. Dann stinkt es raus, weil das Fett ranzig wird. Und das Abwasser braucht länger, bis es abfließt, weil der Abfluss geringer ist, und irgendwann geht gar nichts mehr durch.

Dann kommt kein Blut mehr zu den Organen. Wenn das in einem Bein passiert, haben wir das Problem einer peripheren arteriellen Verschlusskrankheit. Wenn es am Herzen passiert, kann es zu einem Herzinfarkt führen. Wenn es in der Lunge passiert, kann es zu einer Embolie führen. Wenn es im Gehirn passiert, haben wir einen Schlaganfall. Und gerade deswegen sind diese Fettformen und die Fetttransportformen in den Blutgefäßen so wichtig.

Was hat das jetzt mit Sport zu tun? Einerseits initiiert Sport diesen Fetttransport im Körper. Die Menge an Fett in den Blutgefäßen steigt an. Es wird etwas von A nach B transportiert, die Partikel müssen durch die Gefäße durch. Aber obwohl es bei körperlicher Aktivität kurzfristig einen Anstieg gibt, wird die Anzahl dieses Blutfetts insgesamt reduziert. Nicht nur das Fett, das im Blut transportiert wird, wird geringer, auch die Form des Transports wird geändert. Indem unser Körper mehr Energie braucht, wird Fett eher in große Pakete verpackt, damit es sicherer und einfacher transportiert werden kann. Wie im LKW. Und das ist gut für uns, weil die Wahrscheinlichkeit, dass große Partikel sich irgendwo verankern, geringer ist. Somit senken wir nicht nur unsere Cholesterinwerte, es steigt auch das gute Cholesterin.

Zweimal die Woche spazieren gehen gegen den Infarkt

Im guten Cholesterin, der Wissenschaftler sagt auch HDL-Cholesterin dazu, liegen die großen Partikel. Das Fett ist dicht verpackt, Proteine und Fette stehen in einem guten Verhältnis zueinander. Die Partikel sind energiereicher. Die kleinen Partikel sind eher lose und eben winzig klein. Sie enthalten mehr Fett als Protein. Das ist das böse Cholesterin, das LDL-Cholesterin. Durch körperliche Aktivität kann es reduziert werden.

Eine Studie aus dem Jahr 2018 hat gezeigt: Trainieren wir viel und intensiv, reduziert sich das LDL-Cholesterin stark, und der HDL-Cholesterinwert steigt. Die Wissenschaftler prüften, wie sich ein Hoch-Intensitäts-Training auf den Körper auswirkt. Nicht bloß Jogging, sondern wirklich Laufen. Eine zweite Gruppe trainierte mäßig – die Damen und

Herren sind wirklich nur gejoggt. Und die dritte Gruppe ging nur spazieren. Sechs Monate hat diese Studie gedauert.

Was ist im Körper der Probanden passiert? Welche Unterschiede hat es bei den drei Bewegungsformen gegeben? Die Spitzensportlergruppe hatte die größten positiven Effekte. Die zweite Gruppe hatte die zweitbesten Cholesterinwerte. Bei der dritten Gruppe, den Spaziergängern, hatten sich die Werte zwar verbessert, aber eher mäßig. Die Wissenschaftler kamen zu dem Schluss: Je mehr und je intensiver das Training stattfindet, desto stärker und schneller sind die Effekte im Körper spürbar.

Das Ergebnis können wir uns wie eine Sättigungskurve vorstellen. Wenig Training, geringe Verbesserungen. Also nur einmal im Jahr spazieren gehen bringt nicht viel. Aber wenn wir regelmäßiger, sagen wir zweimal in der Woche, spazieren gehen, fängt es schon an mit den Auswirkungen. Irgendwann ist es egal, ob man vier- oder fünfmal in der Woche ein sehr intensives Training absolviert, weil es fast keinen Unterschied mehr macht.

Interessant an dieser Studie ist, dass eben auch wenig Training hilft. Und dass sich die Cholesterinwerte, LDL und HDL – die Haupt-Risikofaktoren für die Entwicklung von Herz-Kreislauf-Erkrankungen –, schon allein durchs Spazierengehen beeinflussen lassen.

Pump, pump, pump – der Blutdruck

Ein weiterer Risikofaktor für Herz-Kreislauf-Erkrankungen ist der Blutdruck. Dies ist der Druck, den das Blut in den Gefäßen erzeugt. Unser Blut fließt nicht kontinuierlich durch die Adern und Venen, sondern schubartig. Wenn das Herz Blut rauspumpt, steigt die Menge, das Volumen des Bluts in den Blutgefäßen; so entsteht mehr Druck. Die Gefäße erweitern sich. Dann öffnet sich das Herz wieder, um neues Blut aufzunehmen. Das Blut geht raus aus den Gefäßen, und somit kommt es auch zu einer Blutdrucksenkung in den Gefäßen.

Bei einer Blutdruckmessung ermitteln wir zwei Werte: Der systolische Blutdruck, die obere Zahl, misst den Druck beim Herzschlag – also wenn sich der Herzmuskel zusammenzieht und sauerstoffreiches Blut in die Gefäße pumpt. Der diastolische Blutdruck, die untere Zahl, misst den Druck auf die Gefäße, wenn der Herzmuskel erschlafft. Der Blutdruck ist übrigens optimal, wenn die obere Zahl etwa 120 und die untere 80 lautet. Liegen die Werte deutlich darüber, etwa bei 180 : 110, deutet die Messung auf schweren Bluthochdruck hin. Liegen die Zahlen unter den optimalen Werten, ist er zu niedrig.

Zu wenig Blutdruck ist problematisch, weil dann nicht genug Blut ins Herz und in die Organe hineinfließt. Dann werden wir müde und schläfrig oder sogar ohnmächtig. Das viel größere Problem für die Bevölkerung aber ist der Bluthochdruck. Er führt oft automatisch zu Herz-Kreislauf-Erkrankungen. Das kann sich über eine Zeitspanne von zehn, zwanzig oder vierzig Jahren hinziehen. Bluthochdruck ist ein sogenannter *silent killer*, er schleicht sich mit dem Schalldämpfer an.

Beim Bluthochdruck stehen unsere Gefäße dauernd unter Spannung. Sie sind ausgedehnt, wodurch sie beschädigt werden. Mit der Zeit tauchen Probleme mit beschädigten

Blutgefäßen auf, in denen sich die Fettpartikel anhäufen. Die Blutgefäße sind zerkratzt oder haben innen keine glatte Oberfläche. Deswegen ist eine Blutdrucksenkung wichtig. Sie hat auch einen Effekt auf die Vorbeugung von Herz-Kreislauf-Erkrankungen.

Leichtes Laufen dreimal die Woche senkt den Blutdruck

Eine Studie aus dem Jahr 2018 hat gezeigt, dass ein moderates Training, nur leichtes Laufen, drei bis fünf Mal pro Woche, schon nach vier bis acht Wochen zu einer deutlichen Blutdrucksenkung führt. Gemessen wurden 2–3,5 mmHg. Erstaunlich. Wenn wir allerdings daran denken, was Atmungsübungen ausmachen können – dort waren es 12 mmHg –, ist dieser Effekt eigentlich gering. Aber die Blutdrucksenkung erfolgt schon nach vier bis acht Wochen. Wenn die Effekte nicht sofort merkbar sind, heißt es nicht, dass wir nichts Gutes für unseren Körper getan haben. Es heißt eigentlich nur, dass die Vorbelastung des Körpers schon so hoch ist, dass wir ihn erst langsam auf den Status quo trimmen müssen.

Eine Senkung des Blutdrucks, dieser kleine Unterschied von 2–3,5 mmHg würde übrigens schon ausreichen, um 30–40 Extrajahre Lebenszeit zu gewinnen. 30–40 Jahre! Vorausgesetzt, dass alles andere im Körper ebenfalls mitspielt.

Wir sehen, wie essenziell der Blutdruck ist. Umso wichtiger ist es, ihn zu messen. Und zu beobachten. Weil wir wissen, dass eine kontinuierliche Erhöhung oder Senkung den

Körper entlastet oder belastet. Je länger sich eine Fehlfunktion zeigt, desto mehr Schäden verursacht sie. Deswegen ist es wichtig, rechtzeitig vorzubeugen und gegebenenfalls einzugreifen.

Cholesterin und Blutdruck, diese beiden Effekte in den Blutgefäßen beeinflussen sich gegenseitig. Es gibt nicht nur den A+B-Effekt, sondern es ist eher der AxB-Effekt. Diese beiden Werte potenzieren sich und führen zu einem deutlich höheren Risiko für Herz-Kreislauf-Erkrankungen oder gleich Infarkte.

Was passiert nun im Herz selbst? Es steht im Zentrum des Herz-Kreislauf-Systems. Wenn wir trainieren, brauchen unsere Muskeln, unser ganzer Körper plötzlich mehr Sauerstoff. Daher muss mehr Blut in die Organe dringen. Und was macht das Herz? Es muss mehr Blut durch den Körper pumpen. Es muss schneller pumpen und noch schneller.

Und was passiert beim Sport? Wenn wir etwa am Tennisplatz von der Grundlinie zum Netz sprinten, um einen Ball doch noch zu erwischen, steigt der Blutdruck an. Der steigt auch, wenn wir laufen, schwimmen oder Fußball spielen. Wie bitte? Jetzt haben wir so lange über die Senkung des Blutdrucks geredet, und jetzt heißt es auf einmal, dass er beim Sport ansteigt? Man könnte sogar meinen, Sport sei für den Blutdruck schädlich.

Unser Körper hat glücklicherweise ein Alarmsystem. Irgendwo tief drinnen in uns sitzt ein Männchen und sagt: „Burschen, da müssen wir was tun." Der Körper reagiert auf diesen Anstieg, weil er weiß, dass dieser Anstieg langfristig nicht gesund ist. Wenn wir wiederholt diese Zyklen des Blutanstiegs haben, oder – anders gesagt – wenn wir regelmäßig Sport betreiben, schafft es unser Körper, den Blutdruck zu senken. Das clevere Männchen sorgt dafür.

Das Herz muss also irgendwie mehr und mehr Blut durch die Gefäße pumpen. Unser Herz ist ein großer Muskel, es besteht vorwiegend aus Muskelzellen, die sich verhalten wie andere Muskelzellen. Etwa wie im Bizeps. Nur können wir sie nicht kontrollieren wie den Bizeps. Das ist auch gut so. Denn sonst müssten wir in jeder Sekunde – beim Sport noch deutlich öfter – den Befehl geben: „Pump!"

Das Herz funktioniert eigentlich wie unsere Muskeln im Magen oder Darm, die unwissentlich ihre Arbeit verrichten. Um mehr Blut pumpen zu können, muss dieser Muskel wachsen. Bei der regelmäßigen Aktivierung des Herzmuskels oder einer zusätzlichen Aktivierung des Herzmuskels durch körperliches Training wird unserem Herzen ein Signal gegeben, dass es jetzt, bitte schön, wachsen muss.

Bodybuilder haben oft große und harte Herzen, weil diese einfach überwachsen sind. Diese Herzen können dann nicht mehr wirklich effizient pumpen, weil sie so groß sind und so viel Muskelgewebe vorhanden ist. Wenn Bodybuilder irgendwann aufhören zu trainieren, bekommen sie erstaunlich oft einen Herzinfarkt, und oft sterben sie daran. Zu viel ist nicht gut. Professionelle Athleten, die ihr Training richtig gestalten, müssen sich keine Sorgen machen. Und normale Menschen brauchen überhaupt keinen Gedanken daran zu verschwenden. Bei uns Normalsterblichen ist es eher der Fall, dass das Herz zu wenig pumpen muss, weil wir Bluthochdruck haben und alle kaum Energie brauchen. Unsere Muskeln werden gar nicht benötigt, weil wir die ganze Zeit sitzen, liegen und uns zu wenig bewegen.

Für den normalen Menschen ist es daher förderlich, wenn das Herz motiviert wird, um zu wachsen. Es ist wie ein Kind im Aufbau.

Kalzium, der Muskel-Treibstoff

Die Kontraktion unseres Herzens hängt nicht nur von der Masse des Herzmuskels ab. Das funktioniert nicht wie beim Bizeps. Es geht vielmehr darum, wie viel Kraft der Muskel aufbringen kann. Die größten Muskeln können uns nicht helfen, wenn sie keine Kraft zusammenbringen. Das klingt vielleicht etwas verwirrend, weil generell geglaubt wird, große Muskeln haben immer mehr Kraft. Aber eigentlich ist die Stärke des Muskels nicht von der Masse, von der Zellmasse abhängig, sondern von der Funktionsfähigkeit des Muskels.

Wie gut können die Muskelzellen aneinander gleiten? Wie stark können sie sich ineinander verankern, damit sie überhaupt diese Kraft erzeugen? Zu den wichtigsten Parametern für die Stärke des Muskels zählen – neben der Masse – der Kalziumtransport und die Kalziumsignale, die in den Muskel gesendet werden.

Unser Muskel verwendet Kalzium als Signalmolekül. In diesem Fall also als Transmitter – so wird das in der Biologie genannt –, der die Informationen chemisch überträgt und gewisse biochemische oder zelluläre Kaskaden auslöst. Und mit dem Kalzium wird das Kraftwerk in der Muskelzelle aktiviert. Je besser unsere Muskeln auf Kalziumerhöhungen und -senkungen reagieren, desto besser kann der Muskel die Kraft kontrollieren und mehr oder weniger davon erzeugen. Das ist nicht nur im Bizeps so, sondern auch im Herzmuskel. Die Kalziummenge oder die Sensibilität gegenüber Kalzium im Herzen ist wichtig für dessen Fähigkeit, bei Bedarf schnell schlagen und viel Blut pumpen zu können. Damit das Blut, das gerade beim Training – oder wenn wir unter Stress stehen – von den Organen benötigt wird, zu den Muskeln kommt.

Durch die wiederholte körperliche Aktivität erhöht sich die Masse des Herzmuskels. Er hat mehr Kraft. Und andererseits wird die Sensibilität gegenüber Kalzium gesteigert, damit unser Herz besser funktioniert. Popeye pumpt, wenn der Spinat stimmt.

Jedes Mal, wenn sich das Herz kontrahiert, wenn also das Blut rauskommt, braucht der Muskel danach eine kurze Erholungszeit. Das ist ähnlich wie bei Heuschrecken. Die kleinen grünen Insekten können für kurze Zeit sehr viel Kraft aufbringen. Schauen wir einmal auf eine bunte Wiese im Sommer. Dort ist eine Heuschrecke gerade auf einen Grashalm gekrabbelt. Sie nascht ein bisschen an dem grünen Stängel, auf einmal kommt ein Hund und schnüffelt. Die Heuschrecke denkt sich: „Der nassen Schnauze möchte ich nicht zu nahe kommen." Und flüchtet. Was macht sie? Sie springt weg. Weit und sehr hoch. Sie will sich in Sicherheit bringen. Allzu weit weg hat sie es dann doch nicht geschafft. Daher will sie gleich weiterspringen. Aber es geht nicht. Wenn Heuschrecken einmal gesprungen sind, können sie nicht sofort noch einmal springen. Ihre Muskeln sind ermüdet, und es befindet sich so viel Kalzium darin, dass sich die Muskeln erst erholen müssen. Das ganze Kalzium muss raus. Und erst wenn es ganz draußen ist, kann die Heuschrecke wieder springen. Direkt nach einem Sprung können Heuschrecken zwar gehen, aber eben nicht sofort noch einmal springen.

Genauso funktionieren auch unsere Muskeln. Nur die hohen Spitzen an Kalzium brauchen wir nicht, wir müssen ja nicht vor einem überproportional großen Feind flüchten. Unser Herz funktioniert kontinuierlich und lange. Wartezeiten wären kontraproduktiv für einen Herzmuskel. Wenn das Herz einmal pumpt und dann zehn Sekunden pausiert, hätten wir einen Schlaganfall nach dem anderen. Auch würden wir dauernd nach Luft schnappen, weil wir nicht genug Sauerstoff bekämen. Daher muss sich das Herz relativ schnell erholen können. Nichtsdestotrotz: Kalzium muss raus, damit der Muskel wieder pumpen kann. Medizinische Forscher wollen natürlich wissen, wie lange es dauert, bis das Herz wieder pumpen kann, wie lange es dauert, bis dieser Muskel sich wieder kontrahieren kann.

Nach sechs Wochen Training regeneriert sich das Herz schneller

Wenn wir mit dem Training beginnen, brauchen die Muskeln besonders viel Sauerstoff. Also muss das Herz pumpen, damit möglichst viel mit Sauerstoff angereichertes Blut dorthin transportiert werden kann. Nach einer starken Kontraktion ist das Herz müde. Es braucht Erholung, dann muss es wieder pumpen. Diese Pausen zwischen den Herzschlägen beziehungsweise zwischen der Übersättigung des Herzens mit Kalzium und der Erholung können wir elektrophysiologisch messen. Je länger diese Pausen dauern, desto ungesünder ist das für das Herz. Die Regenerationszeit zwischen zwei Herzschlägen ist ein Parameter, der uns die Information gibt, wie gesund und wie alt das Herz ist. Und wie hoch die Wahrscheinlichkeit ist, einen Herzinfarkt zu erleiden oder an einem Herz-Kreislauf-Problem zu erkranken.

Beim Sport steigern unsere Herzen ihre Regenerationskraft mit dem Training. Schon nach sechs Wochen ist diese Regenerationszeit bis zu 16 % reduziert. Vergleicht man mangelnde Bewegung mit leichter körperlicher Bewegung, so haben Menschen, die sich bewegen, nach sechs Wochen gesündere Herzen. Die Effekte sind messbar.

Es ist übrigens viel schwieriger, ein gesundes Herz zu verbessern als ein nicht gesundes. Klar, wenn es einmal richtig funktioniert, kann die Regenerationsphase nicht unter ein Minimum gesenkt werden. Spannend ist die Spitzenleistung eines Herzens. Diese schnellen, sich wiederholenden und starken Kontraktionen sind nur dann notwendig, wenn wirklich etwas passiert. Wenn wir gerade vor einem Löwen weglaufen müssen, einer Kampfsituation ausgesetzt sind oder sehr intensiv trainieren – dann braucht der Körper diese Herzleistung. Und für solche Situationen ist es wichtig, dass das Herz vorbereitet ist, damit es perfekt pumpen kann. Mit Muskelmasse und mit Kalziumsensitivität. Nicht nur, wenn wir vor einem Löwen stehen, sondern auch bei einem Herzinfarkt. Dann ist der Schaden für den menschlichen Körper geringer.

Die wundersame Vermehrung der roten Blutkörperchen

Aber noch etwas anderes ist von Bedeutung für den Blutkreislauf – gerade bei Sport und Training. Wir wissen, wie wichtig Sauerstoff für unseren Körper ist; die Muskeln brauchen ihn für die Energie. Wie kann nun die Menge an Sauerstoff in den Muskeln erhöht werden? Mit mehr Blut, also mehr Pumpleistung. Sport ist sozusagen die aggressive Form der körperlichen Bewegung.

Die Muskeln senden, auch bei normaler körperlicher Bewegung, Signale an den restlichen Körper, dass mehr Sauerstoff gebraucht wird. Sie benötigen mehr, als gerade transportiert wird. Der Sauerstofftransport muss hochgeschraubt werden, damit die Muskeln nicht nur genug Blut, sondern auch genug Sauerstoff bekommen. Und für den Sauerstofftransport in unseren Körper sind die roten Blutkörperchen zuständig.

Die meisten Zellen in unserem Blut sind rote Blutkörperchen, und deren Rolle besteht fast ausschließlich darin, Sauerstoff aus der Lunge durch das Herz und dann zum restlichen Körper, zu den Organen zu bringen. Beim Training findet zuerst eine leichte Senkung des Sauerstoffs im Blut statt. Erst wenn das Signal nach mehr ausgeschickt wird – „Hey, Jungs, höchste Zeit für Nachschub!" –, wird er wieder erhöht. Wir müssen mehr atmen, sprich unsere Atmungsmuskulatur wird aktiviert.

Es wird tief ein- und ausgeatmet, um das gesamte Kohlendioxid loszuwerden. Gleichzeitig wird ein Signal an den Körper geschickt, dass mehr rote Blutkörperchen für einen effizienteren Transport nötig sind. „Leute", sagt jemand, „jetzt brauchen wir die ganze Kraft."

Und genau das passiert im Körper eines Sportlers und bei Menschen, die aktiv sind: Es gibt einen leichten Anstieg an roten Blutkörperchen. Diese mehren sich, wenn die Reize wiederkommen. Einmal im Jahr laufen schafft das natürlich nicht. Wenn diese Aktivierung nur einmal passiert, werden die Abteilungsleiter im Körper sagen: „Hey, das habt ihr gut gemacht. Aber das werden wir nie wieder brauchen." Nur wenn es wiederholt vorkommt, werden sie sich denken: „Okay, das muss was Regelmäßiges sein. Also es ist einmal passiert. Jetzt ist es zum zweiten und dritten Mal passiert. Beim vierten Mal darf es nicht noch einmal passieren, dass wir so einen Stress haben. Also bereiten wir uns besser darauf vor."

Wenn wir mehrmals trainieren und der Körper lernt, mehr Sauerstoff zu transportieren, schaffen die Muskeln auch mehr Wiederholungen. Sie können mehr Leistung bringen und schwere Gewichte stemmen. Diese Fähigkeit des Körpers, mehr Sauerstoff zu den Organen zu transportieren, betrifft nicht nur die Muskeln, sondern auch alle anderen Organe. Indem die Sauerstoffkapazität in unserem Blut gesteigert wird, kommt mehr Sauerstoff zu unseren Nieren, zu unserer Leber, zum Gehirn. Sogar auch dann, wenn wir nicht trainieren oder körperlich aktiv sind. Das fördert die Funktion der Organe. Sie haben einfach mehr Energie und können ihre normalen Aufgaben mit Bravour erfüllen. In der Leber werden Schadstoffe besser entsorgt, die Denkleistung im Gehirn nimmt zu, auch sinkt das Risiko für Demenz oder ähnliche Krankheiten, die zum

Vergessen sind. Diese Effekte hängen direkt mit der Häufigkeit und Menge an körperlicher Bewegung zusammen.

Bewegung ist alles. Stillstand ist nichts.

Hormone, die geheimnisvollen Steuersignale

Sie stehen auf der Kommandobrücke, hantieren an Paneelen, legen Schalter um und drehen an Steuerrädern. Hormone sind Regulatoren, die den Körper steuern. Das wissen wir heute. Lange Zeit waren Hormone für die Biochemie und die Medizin komplett uninteressant. Die Wissenschaftler hatten geglaubt, dass es sich um Messfehler oder irgendwelche unbedeutsamen Moleküle handelte. „Es kann nicht sein, dass das wichtig ist, weil nur so wenig davon da ist" – das war lange Zeit die gängige Meinung.

Überhaupt waren wir jahrhundertelang auf der falschen Fährte. In der Antike glaubten die Menschen, seltsame Körpersäfte seien dafür verantwortlich, dass der Mensch gesund bleibt oder krank wird. Bis ins 19. Jahrhundert waren Mediziner in Europa der Ansicht, das Nervensystem sei hauptverantwortlich dafür, dass der Körper funktioniert. Leise dachten einige: Es muss da noch was anderes geben, das für die Steuerung verantwortlich ist.

1902 starteten die englischen Physiologen Ernest Henry Starling und William Maddock Bayliss einen formidablen Versuch: Sie nahmen eine Bauchspeicheldrüse und durchtrennten alle Nerven, die zu diesem Organ führten. Das Ergebnis war erstaunlich. Die Bauchspeicheldrüse funktionierte immer noch. Sie sonderte Verdauungsenzyme ab, sobald der säurehaltige Mageninhalt den Darm erreichte.

Starling und Bayliss fanden heraus, dass die Schleimhaut des Dünndarms durch den Einfluss der Magensäure ein Sekret absonderte. Das regte die Bauchspeicheldrüse an, Verdauungsenzyme auszuschütten. Die Wissenschaftler gaben dem Sekret den naheliegenden Namen Sekretin.

Im Rahmen weiterer Untersuchungen entdeckten Starling und Bayliss, dass es im Körper sogenannte endokrine Drüsen gibt, die bestimmte Substanzen absondern, die wiederum an anderen Organen wirken und sie in einer bestimmten Weise aktiv werden lassen. 1905 prägte Starling für diese Stoffe die Bezeichnung Hormone, abgeleitet von dem griechischen Wort *hormao*, was so viel heißt wie antreiben oder anregen.

Mit der Zeit kamen auch andere Wissenschaftler drauf, dass diese Botenstoffe, die nur in geringen Mengen vorhanden sind, offensichtlich einen riesengroßen Einfluss haben. Sie entdeckten, dass es im menschlichen Körper unzählige Hormone gibt, die zum Beispiel für den Tagesrhythmus zuständig sind. Sie entscheiden, wie schnell oder langsam wir wach werden, ob wir ein Morgen- oder Abend-Typ sind. Es gibt Hormone, die uns sagen, ob wir hungrig sind oder nicht, ob unser Körper Nahrung benötigt. Hormone bereiten uns auf gewisse Situationen vor. Das erste Hormon, das isoliert und dessen Struktur bestimmt werden konnte, war Adrenalin; es schaltet unseren „Fight-or-Flight"-Modus ein, damit wir uns verteidigen können. Das hatten wir jahrtausendelang gebraucht, wenn unsere Vorfahren in der Wildnis einer Gefahr begegneten: Links der Säbelzahntiger, rechts ein Mammut, und irgendwie kein Tesla da als Fluchtwagen. Da muss der Mensch reagieren, schnell und ohne zu zögern. Das Adrenalin schießt ein, und der Rudi wird zum Rambo.

Wenn der Postmann zweimal klingelt

Richtig losgegangen ist die Erforschung der Hormone erst ab den 1970er-Jahren. Heute wissen wir, dass auch die Herzfunktion intensiv von den Hormonen gesteuert wird. Sie sind eigentlich Signale, die durch den gesamten Körper reisen. Deshalb werden sie als Botenstoffe bezeichnet. Sie sind die Post in unserem Körper. Oder der Briefträger, der alles bringt, von der Parkstrafe bis zum Liebesbrief. Die Information wird meist von den Nieren, vom Gehirn oder von anderen Hormon-ausschüttenden Organen gesendet. Die Effekte entfalten sich ganz woanders: im Herzen, im zentralen Nervensystem oder in anderen Organen.

Das Herz ist, wie wir noch vom ersten Kuss wissen, eines der wichtigsten Organe. Wir Leser wissen schon, dass es für den Transport von Sauerstoff und Nahrung zu allen anderen Organen zuständig ist. Wenn das Herz kein Blut pumpt, funktionieren die anderen Organe nicht mehr, Sense, aus die Maus. Es ist wichtig, dass die Organe dem Herzen sagen, wann sie was benötigen, damit sich die Herz-Funktion anpassen kann. Deswegen werden das Herz und auch unser Kreislaufsystem ziemlich autoritär von Hormonen gesteuert.

Zwei wichtige Vertreter der Hormone sind Adrenalin und Noradrenalin. Beide wirken aktivierend auf unser Herz. Sie steigern die Herzfrequenz, die Kraft, mit der unser Herz pumpt. Mehr Blut schießt heraus, damit unser Körper fit für die Aktivität wird, sich vorbereitet auf die Gefahr oder was sonst noch eine Steigerung des Energieverbrauchs auslöst.

Das passiert auch, wenn wir verliebt sind. Die Dame steht auf der anderen Straßenseite, und schon spüren wir das Herz klopfen. Wenn das immer passiert – und selbst wenn die Dame noch so schön ist –, wird unser Herz überlastet. Wenn es ständig unter Druck steht, ist das freilich nicht gut. Aus diesem Grund müssen die Hormon-Levels wieder absinken und das Basisniveau erreichen, wenn eine Stresssituation vorbei ist. Sonst überhitzt sich das ganze Werkl und gibt irgendwann den Geist auf.

Die Lust am permanenten Stress

Es gibt übrigens ein Optimum dieses Basiswerts. Bei den meisten Menschen ist der Wert ohnehin schon hoch, weil wir ständig irgendwelche Aufregungen erleben. 2G-, 3G-, 1G-Regeln, 5G-Masten, das Handy läutet in der Nacht, oder Sturm hat gegen Liverpool verloren. Wir sind permanentem Stress ausgesetzt. Und was noch schlimmer ist: Wir sind süchtig danach. Wir brauchen diese kurzen Impulse. Instagram, Facebook, Twitter. Warum uns Social Media süchtig machen, ist einfach erklärt: Es geht um diese kurzen, schnellen Aufregungen. „Nein, das glaube ich jetzt nicht!", „Was ist denn da passiert?" oder „Welchen Blödsinn hat denn der da geschrieben? Dem werde ich meine Meinung sagen!" Zwei Minuten später erhalten wir die Antwort und können uns dann noch schöner aufregen.

Die Lust liegt im wiederkehrenden Skandal.

Die Manie besteht darin, dass wir immer mehr davon wollen.

Affront und Konfrontation. Wut erregt.

Auch wenn wir es nicht mitbekommen, unser Stress-Level ist gerade deswegen durchgehend relativ hoch. Und es wird dann nicht nur Cortisol ausgeschüttet – das als Stresshormon bekannt ist –, sondern Noradrenalin und Adrenalin regen das Herz an, mehr zu pumpen. Dadurch ist es kontinuierlich belastet.

Um die Hormone auf das Basis-Level zu senken, ist es wichtig, uns zunächst einmal zu entspannen. Yoga oder Meditation statt Instagram und Ego-Shooter. Auch unsere Organe wollen sich beruhigen, und unser Herz kann meditieren. Wenn wir uns bewegen, schafft es der Körper, durch die Spitzen wieder auf die Basis zu finden.

Wie das Adrenalin auf Bewegung reagiert

Die Ergebnisse einer Studie aus dem Jahr 2016 haben das bewiesen. Damals wurden Personen, die Herzprobleme hatten, dazu angehalten, sich regelmäßig zu bewegen. Schon nach acht Wochen waren die Noradrenalin- und Adrenalinwerte in ihren Blutbildern um 16 % gesunken.

Die Effekte am Herzen sind noch stärker, weil die Hormone in geringen Mengen viel beeinflussen. Es ist nicht nur das Herz, das durch Adrenalin und Noradrenalin beeinflusst wird, die Hormone beeinflussen auch die Gefäße. Ein anderes Hormon, Angiotensin, ist dafür zuständig, die Blutgefäße zu erweitern oder zu verengen. Damit reguliert es unseren Blutdruck. Wenn es ausgeschüttet wird oder viel davon vorhanden ist, verengen sich unsere Gefäße. Die Blutmenge aber bleibt gleich. Was das bewirkt, kennen wir vom

Gartenschlauch. Nehmen wir zwei Schläuche, einen dicken und einen dünnen. Wenn wir gleich viel Wasser durch den dünnen Gartenschlauch jagen, wird dieser Gartenschlauch steif. Der größere Schlauch hingegen wird bei der gleichen Wassermenge nicht so steif werden. Er wird sich mit dem Wasser darin noch verbiegen lassen. Beim Blutdruck ist es genauso. Nicht nur die Menge des Bluts, das durchgepumpt wird, verursacht den Bluthochdruck, sondern auch das Volumen der Gefäße, das durch die Muskelkontraktion oder Erweiterung entsteht.

Bewegung schafft es, das Angiotensin-Niveau zu senken. Die Gefäße erweitern sich, der Blutdruck sinkt. Der Kreislauf schließt sich, und der Herzkreislauf freut sich.

5. DER DARM UND DAS BAUCHGEFÜHL: BEWEGUNG VERBESSERT DIE VERDAUUNG

Der Darm ist das größte Immunorgan unseres Körpers. Die Wissenschaft geht davon aus, dass 70–80 % aller Immunzellen im Darm lokalisiert sind. Natürlich liegt der Darm in unserem Körper drinnen, was ihn aber definiert, ist die Außenwelt. Der Darm ist eine Kontaktfläche unseres Körpers zum Draußen.

Alles, was wir mit dem Mund – über die Nahrung – aufnehmen, landet im Darm. Er ist eine Kommunikationsplattform, die es uns ermöglicht, Nährstoffe aufzunehmen. Der Darm ist der Hauptteil des Gastrointestinaltrakts, kurz GI-Trakt, der unserem Körper als Verteidigung dient und potenzielle Gefahren, z. B. Bakterien oder Parasiten, erkennt. Er sorgt dafür, dass diese Feinde auffliegen, und kümmert sich um die Gegenwehr.

Andererseits dient er der Erkennung nützlicher Stoffe oder Moleküle, die wir über die Nahrung aufnehmen: Kohlenhydrate, Proteine, Fette und sekundäre Metaboliten oder Vitamine und Mineralien, die über den Darm aufgenommen werden, damit wir Materie für den Aufbau unseres Körpers und dessen alltägliche Funktionen zur Verfügung haben.

In unserem Darm wuselt eine Vielzahl von Lebewesen, Mikroorganismen und Bakterienarten, die wir in ihrer Gesamtheit Mikrobiota nennen. Sie dienen der Kommunikation mit dem Körper und helfen, verschiedene Nährstoffe zu verarbeiten. Und sie helfen dem tapferen Darm, uns vor Gefahren zu schützen.

Wenn wir jetzt in der Geschichte der Darmforschung zurückgehen, hatten wir früher ein anderes Bild. Mediziner waren der Ansicht, dass Bakterien, generell Mikrobiota, eine Gefahr für den Menschen darstellen. Sogar die Wissenschaft hatte richtig Angst vor ihnen. Daher auch die Panik, alles zu waschen, alles zu desinfizieren. Die schlimmsten chemischen Reinigungsmittel wurden zu Hause verwendet, damit 99,9 % aller Bakterien vom Boden verschwanden und unsere Kinder am Boden spielen konnten. Das war allerdings nicht zielführend, denn jedes Mal, wenn wir alles entfernen, kommen neue Bakterien. Über die Luft, sogar über unsere Haut und auch über die Atemluft, wenn wir ausatmen. Wenn wir eine Oberfläche komplett desinfizieren, schaffen wir nur Platz für das Wachstum neuer Organismen. In Zeiten von Corona, wo der Mensch angehalten ist, ständig mit Desinfektionsmitteln zu hantieren, mag das kontraproduktiv klingen. Eines ist klar: Es ist nicht alles eindeutig schwarz oder weiß. Hygiene hilft, kann aber auch Platz für neue Seuchen schaffen.

Ein Visionär namens Louis Pasteur

Im 19. Jahrhundert hat man herausgefunden, dass Mikroorganismen krank machen können. Diese Entwicklung hat 1860 mit Louis Pasteur begonnen. Pasteur war einer der berühmtesten Mikrobiologen der Geschichte und gilt als Vater der sogenannten „Germ Theory of Disease“, der Theorie über die Entstehung der Erkrankungen durch Mikrobiota. Damals, in den 1860er-Jahren, hatte ihm niemand geglaubt. Die Wissenschaft war der Auffassung, dass lebendige

Materie aus nicht lebendiger Materie entsteht. Der Mensch selbst und auch Mikroorganismen kämen aus dem Nichts. Aus der toten Materie, aus Steinen und aus der Erde, sozusagen aus den physikalischen Elementen. „Von der Erde bist du genommen und zur Erde kehrst du zurück", hören wir noch heute bei jedem Begräbnis. Oder: „Asche zu Asche."

Es gibt interessante Veröffentlichungen – sogar von der britischen *Royal Society of Science*. Gelehrte hatten damals eine Anleitung veröffentlicht, wie man eine Maus macht. „Man nehme einen Kübel, werfe ein paar Maiskörner hinein, füge eine Schaufel Erde hinzu und lasse die Vorrichtung zwei Monate lang stehen." Nach zwei Monaten liegt eine Maus in dem Kübel. Das hatte man wirklich gedacht. „Macht mal eine Maus!"

Als andere Wissenschaftler versuchten, das Experiment nachzubauen, war manchmal eine Maus, manchmal eine Ratte im Kübel. Die Wissenschaftler überlegten, wo der Fehler im Experiment liegen könnte. Denn wenn man eine Maus erschaffen will, soll keine Ratte dabei rauskommen.

Heute wissen wir, dass die Maus natürlich in den Kübel gefallen ist, weil sie den Mais fressen wollte. Sie ist nicht aus dem Mais und der Erde entstanden, sondern war auf Nahrungssuche und ist dummerweise in den Kübel gestürzt. Aus der Mausefalle konnte sie nicht mehr rausklettern.

Das Experiment mit der Suppe

Dieser Irrglaube, dass wir aus dem Nichts bzw. der nicht lebendigen Materie kommen, wurde durch Louis Pasteur widerlegt. Und zwar mit einem berühmten Versuch. Mit seiner Suppe. Pasteur hatte drei verschiedene Zucker, Proteine und Fette zusammengemischt, diese gut gekocht, damit alles, was drinnen leben könnte, tot war, und hatte es in zwei Gläser abgefüllt. In ein Glas, das einen schmalen, geraden Hals nach oben hatte, in den Luft problemlos hineinkommen konnte. Und in ein Glas mit einem S-geformten Hals, einem Schwanenhals, in das Luft nur durch Druck hätte hineingeraten können.

Was geschah? Im Schwanenhals-Glas war die sterile Suppe nach ein paar Tagen noch klar. Im Glas mit dem geraden Hals hingegen hatte sich einiges getan. Da begann irgendwas zu wachsen, mit kleinen grünen Formen. Dadurch hatte er bestätigt, dass auch in der Luft Bakterien und Pilze fliegen, und dass Leben nur aus Leben entstehen kann.

Mikroorganismen sind notwendig, um mehr Mikroorganismen zu schaffen. Durch manche können beim Menschen Infektionen entstehen. Damals hatte man allerdings noch geglaubt, dass alle schlecht sind. Böse kleine Unglücksbringer. Winzige Teufel.

Exkurs: Der Unterschied zwischen Bakterien und Viren

Im Vergleich zum Menschen oder zu Säugetieren sind Bakterien und Viren sehr alte und einfache Lebensformen. Bakterien sind kleine Organismen, die auf unserer Erde schon seit einer Ewigkeit leben. Genau genommen seit 3,8 Milliarden Jahren. Sie hatten alle notwendigen Komponenten, um eigenständig überleben zu können.

Viren dagegen sind keine Lebensformen per se. Es ist sehr umstritten, ob sie überhaupt als lebendig bezeichnet werden können, weil sie nicht in der Lage sind, sich selbst zu vermehren. Viren brauchen einen Wirt, den sie besiedeln können. Erst wenn sie die molekulare Infrastruktur dieser Wirte nutzen, können sie sich vermehren. Sie haben nur die genetische Information und die notwendigen Werkzeuge, um es sich in ihrem Wirtshaus gemütlich zu machen. Alles andere nehmen sie sich vom Wirt. Bakterien dagegen haben ihre eigene Infrastruktur.

Bakterien sind Gastronomen, Viren nur Gäste.

Zurück in den Darm. Die Theorie von Louis Pasteur hatten damals, in den 1860er-Jahren, viele Wissenschaftler als Humbug abgetan – weil es ja den Kübel mit der Maus gab. Betrachten wir die Entwicklungen der Gesellschaft in den vergangenen 150 Jahren, so hat Pasteur doch deutliche Spuren hinterlassen. Die gesamte Theorie der Hygiene baut auf seinen Erkenntnissen auf. Und er hat nicht nur die Medizin beeinflusst, sondern auch die Lebensmittelindustrie. Die Pasteurisierung wurde nach ihm benannt. Von der Milch bis hin zum Wein wird das Verfahren heute noch eingesetzt. Dabei werden gezielt Bakterien und Mikroorganismen abgetötet, um die Flüssigkeit zu schützen.

Pasteur brachte den Menschen Ende des 19. Jahrhunderts bei, dass Mikroorganismen auch krank machen können. Robert Koch, der deutsche Biochemiker, trug einiges dazu bei. Die Mediziner und Wissenschaftler glaubten, dass jede Erkrankung durch diese Mikroorganismen verursacht werde. Mikroorganismen als Sündenböcke für alles. Wäre das heute passiert, würden die Amerikaner einen „War on Microorganisms“ starten, wie sie einen „War on Terrorism“ oder einen „War on Drugs“ gestartet haben. Hauptsache „War“, gegen wen, ist zweitrangig.

Was uns alles umbringen kann

Jedenfalls wurde für jede mögliche Erkrankung beim Menschen ein Mikroorganismus beschuldigt, ein Bakterium oder ein Parasit, der diese oder jene Krankheit verursacht haben soll. Wie in einer verrückten Lotterie. Mittlerweile wissen wir, dass nicht nur Mikroorganismen Erkrankungen verursachen können. Nicht allein Bakterien, sondern auch bestimmte Chemikalien können uns malad machen und umbringen. Oder die radioaktive Strahlung, entdeckt von der Mutter der modernen Physik, Marie Curie. Radioaktivität kann uns killen oder Veränderungen in der Biologie verursachen. Dann gibt es noch die Genetik, also Gene, die wir in uns tragen; sie können zur Entwicklung mancher Erkrankungen führen. Darüber haben wir in den vergangenen 60, 70 Jahren jede Menge gelernt – seitdem die Molekularbiologen James Watson und Francis Crick 1953 die DNA-Struktur entdeckt haben. Sie entschlüsselten die Doppel-Helix und schufen die Grundlage der Genforschung.

Und wie wir heute wissen, ist der fieseste Mörder des Menschen sein eigener Lebensstil. Die Ernährung kann den Tod anfüttern. Der Job kann uns umbringen. Wenn wir den ganzen Tag sitzen und stundenlang auf den Bildschirm starren oder Hunderttausende Buchstaben in die

Tastatur klopfen (wie gerade jetzt, während diese Zeilen entstehen), verändern wir unsere Biologie und können so die Entstehung gewisser Erkrankungen einleiten, mitunter beschleunigen. Und wenn wir uns anschauen, was uns so alles umbringen kann – die Strahlung, die Bakterien, unsere eigene Genetik, unser Lebensstil, gemeine Chemikalien –, dann schaut dieser ganze Planet gar nicht mehr so freundlich aus. Alles will uns umbringen. Das Leben ist lebensgefährlich, eh klar.

Wenn uns das alles den Garaus machen will, stellt sich die Frage: Wie schaffen wir es überhaupt, zu überleben? Wie geht sich das aus, wenn so viele Menschen auf diesem Planeten sind? Eigentlich müssten wir schon längst alle tot sein. Was hilft uns, länger gesund zu bleiben und zu überleben? Es ist witzig, dass die Dinge, die uns umbringen wollen, dieselben sind, die unsere Gesundheit erhalten können. Je nachdem, wie wir sie dosieren und welche Subspezies, welche Unterarten davon mit uns in Kontakt kommen. Genauso verhält es sich mit den Mikroorganismen, den Mikrobiota. Es gibt schlechte, die uns ans Leder wollen und zu Infektionen führen, aber es gibt auch gute, die uns vor Erkrankungen schützen, die uns helfen, Nahrung zu verdauen, und welche die Funktionen des Körpers steigern.

Gut und Böse spiegelt sich auch in der Molekularbiologie wider.

Die mysteriösen Mikrobiota

Bis vor Kurzem wurde davon gesprochen, dass in unserem Körper zehnmal so viele Mikrobiotazellen leben wie menschliche

Zellen in unserem Körper. Der menschliche Körper ist aus rund 100 Billionen Zellen aufgebaut. Dazwischen tummeln sich also noch 1.000 Billionen Mikrobiotazellen. Mittlerweile sind diese Zahlen umstritten. Manche Wissenschaftler sprechen davon, dass wir gleich viele Mikrobiota wie menschliche Zellen haben. Gezählt hat sie noch niemand. Wenn Sie möchten, können Sie das Projekt gern angehen.

Die Anzahl der Mikrobiota im Darm ist weniger wichtig als deren Diversität. Je mehr unterschiedliche Bakterien vorhanden sind, desto besser. Je verschiedener das Mikrobiom, desto besser für den Menschen, desto besser für seine Gesundheit. So einfach ist das.

Wenn wir uns mit der Gesundheit beschäftigen, sollten wir uns dem Einfluss der Mikrobiotazellen auf das Wohlbefinden widmen, wo doch schon so viele in unserem Körper vorhanden sind. Die Mikrobiota, die es sich im Darm gemütlich gemacht haben, sind eine diverse Gesellschaft, regenbogenbunt könnte man fast sagen. Dort finden wir verschiedenste Arten von Bakterien, die natürlich nicht bei allen Menschen gleich sind. Sie haben unterschiedliche Aufgaben. Und um das Ganze noch ein bisschen spannender zu gestalten, ändern sich ihre Aufgaben im Laufe eines Menschlebens. Sie passen sich an die Umgebung an, ähnlich wie wir uns an die Umgebung anpassen. Sie sind Chamäleons.

Angenommen, jemand ist mit 18 Jahren nach Österreich gekommen und hat Deutsch gelernt, damit er sich gut integrieren kann. Genauso macht das ein Bakterium in unserem Darm. Eine Lebensumstellung verlangt nach einer Adaptation, und das Bakterium erlernt eine neue Sprache. Mikrobiota sprechen nicht Deutsch, sie kommunizieren über chemische Signale, und sie lernen, wie sie mit gewissen aus der Umgebung kommenden Signalen umzugehen haben. Das sind hauptsächlich chemische Verbindungen, verschiedene Zucker, Proteine oder Fette.

Diese Anpassungen mögen für die Mikrobiota manchmal sehr gut sein, nicht aber für den Menschen. In diesem Fall kann das dann zu verschiedenen Störungen des Stoffwechsels führen. Gleichzeitig können diese Umstellungen auch die Gesundheit verbessern, je nachdem, welche Signale wir an die Mikrobiota schicken, welchen Umgebungseinflüssen wir sie aussetzen.

Was die Diversität und das Wohlbefinden der Mikrobiota stört und senkt, sind beispielsweise Antibiotika. Sie sind dafür gedacht, Mikrobiota umzubringen, und wenn sie mal alle entfernt wurden, kann die Oberfläche von neuen Gesellen besiedelt werden. Die Idee der Antibiotika ist ein gesundes Mikrobiom nach einer Behandlung. Als Mikrobiom werden übrigens alle Bakterien bezeichnet, die an einem Ort leben, wie etwa in unserem Darm. Und dieses Mikrobiom wird, wenn es einmal deutlich reduziert wurde, wie etwa durch die Behandlung mit Antibiotika, später neu besiedelt. Allerdings kann es bei jeder Neubesiedelung des GI-Trakts zu einer Instabilität kommen, dass plötzlich mehr böse als gute Bakterien vorhanden sind, weil diese den leeren Raum und die Zeit genutzt haben, um sich zu vermehren. Auch nicht dumm.

Warum Fast Food süchtig macht

So kann es vorkommen, dass manch böse Bakterien zwar umgebracht werden, doch andere sich gleichzeitig stärker vermehren. Dann kommt es zu Veränderungen des Stoffwechsels.

Wir können diesen Bakterien gewisse Stimuli geben. Wir können sie auch trainieren und ihnen wiederholt die gleichen Stimuli senden. Übrigens ist es genau das, was uns auf manche Lebensmittel süchtig macht. Zum Beispiel Fast Food.

Einer der negativen Effekte ist, dass wir damit sehr leicht verfügbare Formen von Energie, einfache Kohlenhydrate, zu uns nehmen. Und nicht nur wir Menschen haben Zugang zu diesen einfachen Kohlenhydraten, sondern auch die Bakterien in unserem Darm. Sie gewöhnen sich daran, dass sie einfache Zucker als Futter bekommen. Wenn diese Zucker nicht vorhanden sind, können die Bakterien Botenstoffe ausschütten, die über die Blutbahn in unser Gehirn gelangen und dort ein Signal geben, sodass wir plötzlich Lust auf ebendiese Zucker bekommen. Die Bakterien im eigenen Darm sagen dann: „Hey, was ist los? Wir wollen diese einfachen Zucker. Jetzt geh schon zum McDonald's!" Sie nutzen unsere eigene Biologie, unser Belohnungssystem, um selber an das zu kommen, was sie gern hätten.

Dieses System funktioniert nicht nur bei Cheeseburgern, Kebap und scharfen Hühnerflügerln aus Kentucky, sondern auch – man glaubt es kaum – bei Gemüse.

Wenn wir Ballaststoffe zu uns nehmen, lernen unsere Bakterien, mit diesen gut umzugehen. Oder besser: Die Bakterien, die mit den Ballaststoffen per du sind, vermehren sich mehr, weil sie die effizienteste Form der Energiegewinnung für sich selbst gefunden haben. Und sie können auch schneller wachsen als die anderen Mikrobiota in unserem Darm. Sollten sie nichts zum Fressen kriegen, schicken sie unserem Gehirn wieder ein Signal, nutzen unser Belohnungssystem und sagen: „Hey, hätte heute gern Sauerkraut oder einen Salat!" So können die Bakterien nicht nur Lust auf das schnelle Essen machen, sondern auch auf gesundes Essen.

Wir können sie überlisten und mit ihren eigenen Waffen schlagen.

Du bist, was du isst: Die drei Enterotypen

In unserem Darm lebt in Wahrheit ein eigenes Universum von Mikrobiota. Grob unterteilen lassen sie sich in vier große Gruppen. Je nachdem, wie diese Gruppen aufgeteilt sind, welche dominant und welche weniger vertreten sind, isst der eine Mensch gern vegetarisch, der andere gern einen Big Mac. Sollten Sie vor dem Fast-Food-Lokal von Ihrer Fitnesstrainerin kopfschüttelnd erwischt werden, können Sie immer noch sagen: „Das war nicht ich. Die Mikrobiota haben mich hierhergelockt."

Die Wissenschaft hat in puncto Ernährungsverhalten drei Enterotypen definiert, drei Typen von Menschen. Die Reihung hat nichts zu bedeuten, es ist nur eine Aufzählung.

Der erste Typ setzt stark auf die Verdauung von Fleisch und Zucker, sprich von Proteinen und Zucker. Er ist der Fleischfresser.

Der zweite Typ hat Mischkost am liebsten. Bei ihm ist eine Balance zwischen Kohlenhydraten, Fetten und Proteinen als Energiepräferenz im Körper vorhanden.

Der dritte Typ setzt auf vegetarische Kost, hauptsächlich auf Kohlenhydrate und Fette.

Das Interessante daran ist, dass es darauf ankommt, wie wir die ersten Jahre unseres Lebens verbracht, wie wir uns damals ernährt haben, und welchen Bakterien wir schon ausgesetzt waren. Je nachdem etabliert sich schon in der frühen Kindheit – in der ersten Entwicklungsphase – ein Enterotyp beim Menschen. Hat er sich einmal entwickelt, ist er nicht mehr so leicht zu ändern. Manche Wissenschaftler behaupten sogar, dass wir den Enterotyp im Laufe des Lebens nie werden ändern können. Wir sind für immer punziert.

Ein bisserl lässt er sich allerdings steuern. So kann ein Fleischtiger natürlich auch Gemüse essen und es seinen Bakterien ermöglichen, dass sich die vegetarischen Winzlinge vermehren und mehr Ballaststoffe und Kohlenhydrate bearbeiten können – und möchten. Das funktioniert aber nicht von heute auf morgen. Wenn wir eine ausgeglichene Ernährung etabliert haben, unterstützen uns die Bakterien, bei dieser gesunden Kost zu bleiben und uns keine Eskapaden – nennen wir's Esskapaden – zu erlauben und doch wieder fünf Mal in der Woche zum Ronald-Clown zu rasen, um beim Drive-in noch den Royal TS mit triefenden Pommes plus panierten Nuggets zu verschlingen und die heiße Apfeltasche samt Milchshake gleich dazu. Mit besten Grüßen an die Blutfette!

Bewegung verändert die Darmbakterien

Und was hat das jetzt mit der körperlichen Aktivität zu tun? Wir haben von Muskeln, von der Gesundheit gesprochen und jetzt plötzlich die Ernährung und die Mikrobiota? Wen interessiert das überhaupt?

Diese Bakterien haben einen aktiven Stoffwechsel, das heißt, sie können verschiedene chemische Stoffe bearbeiten: Zucker, Fette oder Proteine. Daraus entstehen neue chemische Stoffe, die als Signale in unserem Körper wahrgenommen werden. Wie schon gesagt, werden diese chemischen Stoffe, die ausgeschüttet werden, von unserem Darm aufgenommen und gelangen in die Blutbahn. Die Bakterien können mit dem Gehirn kommunizieren. Aber sie können auch mit anderen Organen interagieren, mit der Leber oder mit Organen, die Hormone ausschütten. Daher ist es entscheidend, welche Zusammensetzung und damit welchen Einfluss sie auf unsere Biologie haben.

Die gute Nachricht: Durch körperliche Aktivität können wir die Aktivität dieser Bakterien steuern.

In einer Studie fanden Forscher heraus, dass ein regelmäßiges leichtes bis moderates Training zur Aktivierung der Darmbakterien führen kann. Das hat erstaunliche Konsequenzen.

Fassen wir noch einmal zusammen: Unser Darm ist das größte Immunorgan des Körpers. Er schützt vor potenziellen Eindringlingen, die wir über die Nahrung aufnehmen. Daher sind viele Immunzellen vorhanden, die sich alles, was neu hereinkommt, immer genau anschauen. Welche Stoffe werden aufgenommen? Sind es gute oder böse Stoffe für unseren Körper? Können wir das überhaupt verwerten oder nicht? Manche von diesen Immunzellen checken, welche Bakterien vorhanden sind. Müssen wir uns Sorgen machen, dass wir krank werden? Und sollen wir irgendeinen Verteidigungsmechanismus im Körper einschalten? Sie identifizieren Parasiten und erstatten dem Körper

Bericht. „Hey, da ist ein Eindringling, bitte sofort Durchfall kriegen, damit wir den Einbrecher rausspülen."

Gerade weil so viele Immunzellen in unserem Darm vorhanden sind, ist unser Darm ständig leicht entzündet. Der Darm ist aktives Gewebe, was bedeutet: Sind wir körperlich aktiv, können wir unsere Bakterien so steuern, dass sie diese Entzündung leichter reduzieren. Nicht nur im Darm, sondern im gesamten Körper.

Wir lernen: Bewegung bringt faule Bakterien auf Vordermann.

Wenn unser Körper nicht mehr gut auf Insulin reagiert

Vergleichen wir Menschen, die vorwiegend im Sitzen arbeiten, mit Menschen, die körperlich aktiv sind, lassen sich deutliche Unterschiede feststellen – gerade was die Diversität der Mikrobiota im Darm betrifft. Jene, die körperlich aktiv sind, haben ein vielfältigeres Mikrobiom, die Bakterien ermöglichen einen besseren Stoffwechsel. Die Mikrobiota produzieren hauptsächlich kurzkettige Fettsäuren und geben sie in die Blutbahn oder zunächst in den Darm und später in die Blutbahn ab. Als Signal-Moleküle für unser Herz oder für die Muskeln.

Das kann so weit führen, dass Menschen, die besonders fit sind, über diese Botenstoffe, die die Bakterien oder Mikrobiota ausschütten, eine Senkung der Insulinresistenz erfahren. Unser Körper schüttet Insulin aus, und normalerweise können wir Zucker gut verwerten. Insulin ist einfach eine Reaktion auf das Vorhandensein von Glukose, also von Zucker, in der Blutbahn, den wir als Energiequelle verwenden.

Wenn unser Körper nicht mehr gut auf Insulin reagiert, sprechen wir von einer Insulinresistenz, und das ist am Ende der Fahnenstange eines der ersten Anzeichen von Diabetes. Insulinresistenz als einer der treibenden Mechanismen von Typ-2-Diabetes. Daher sollten wir danach trachten, Insulin-sensitiv zu bleiben. Damit sich unser Stoffwechsel auf die Verarbeitung von Zucker vorbereitet, wenn Insulin ausgeschüttet wird, und nicht sagt: „Mir doch egal. Insulin kann so viel im Blut sein, wie es will. Ich will jetzt nicht arbeiten." Genau das passiert bei Diabetes.

Training jeder Art unterstützt die Insulinsensitivität und bezwingt die Insulinresistenz. Menschen, die körperlich aktiv sind, tun sich etwas Gutes, nicht nur weil sie Gewicht verlieren – Übergewicht ist, ganz nebenbei, einer der Haupt-Risikofaktoren für die Entwicklung von Diabetes –, sondern weil sie über die Regulation ihrer Mikrobiota auch die Insulinresistenz senken und eigentlich zu einem gesünderen Stoffwechsel über die Bakterien getrieben werden. Gewissermaßen laufen sie der Zuckerkrankheit davon.

Wir haben uns jetzt schon länger damit befasst, warum körperliche Aktivität gut für das Mikrobiom und die Mikrobiota ist. Allerdings können auch Mikrobiota oder das Mikrobiom selbst die Effizienz bei der körperlichen Aktivität oder beim Training beeinflussen. Die Wissenschaft hat das penibel untersucht.

Wie bei Mäusen der Leistungs-Turbo aktiviert werden kann

Es gab einen Versuch, bei dem Mäuse im Labor von allen Bakterien befreit wurden. Sie wurden „Germ-Free Mice" genannt, weil bei ihnen chemisch alle Bakterien aus dem Darm herausgespült worden waren. Und noch zwei weitere Mäusegruppen kamen bei dem Experiment zum Einsatz: eine zweite mit einer normalen Darmbakterien-Besiedelung und eine dritte Gruppe, die nur bestimmte Mikrobiota im Darm hatte. Die Wissenschaftler setzten die Mäuse auf kleine Laufräder und beobachteten, wie gut und wie lange sie laufen konnten. Die Fragestellungen: Wie gut funktioniert ihr Stoffwechsel? Wie baut sich die Muskelmasse auf und wie gut bleibt sie erhalten?

Das Ergebnis: Die Mäuse, die keine Bakterienbesiedlung des Darms hatten, erzielten deutlich schlechtere Ergebnisse – weniger Ausdauer, weniger Kraft beim Training – als die Mäuse mit Bakterien im Darm, die Mikrobiota als Unterstützung hatten. Die Wissenschaftler vermuteten, dass der Stoffwechsel der Mikrobiota im Darm dazu führt, die Herzfunktion zu verbessern und die Muskelaktivität zu fördern. Nur durch die Ausschüttung von kurzkettigen Fettsäuren. Deswegen werden diese auch manchmal als Nahrungsergänzungsmittel eingesetzt.

Interessant war zu beobachten, dass sogar die Mäuse mit den einseitigen Darmbakterien besser abschnitten als jene, die überhaupt keine Bakterien im Darm hatten. Die beste Performance, die meiste Kraft und längste Ausdauer hatten die Mäuse mit dem normalen Innenleben.

Die Funktion des Körpers wurde durch das vielfältige Mikrobiom beim Training deutlich unterstützt.

Für den Menschen bedeutet das, dass körperliche Aktivität sogar notwendig ist, um diese Diversität im Darm zu erhalten. Alkoholkonsum, Stress oder eine einseitige Ernährung mindern die Diversität der Mikrobiota im Darm. Ist nur mehr eine geringe Diversität der Mikrobiota vorhanden, gibt es mehrere Behandlungsmöglichkeiten, um sie wieder herzustellen. Eine Therapie heißt „stool transplantation". Dabei wird der Stuhl eines Menschen in den Darm eines anderen übertragen, um gewisse Stoffwechselprozesse anzukurbeln. Das klingt relativ unappetitlich, wird allerdings mit Erfolg praktiziert.

Wir müssen uns nicht unbedingt fremden Stuhl einführen, um die Bakterienwelt im Darm positiv zu stimmen. Es gibt auch Präbiotika, Probiotika und Postbiotika. Präbiotika sind lebende Biotika, die aufgenommen werden und dann im Körper wachsen. Probiotika unterstützen das Wachstum von Bakterien. Und Postbiotika sind Gärungsprodukte wie beispielsweise Essig. Alle drei unterstützen unseren Körper in seiner Funktion. Eine Mikrobiomuntersuchung ist selten Teil der klinischen Praxis und wird nur bei akuten Verdauungsproblemen vorgenommen. Trotzdem sind immer mehr Wissenschaftler der Meinung, wir müssen mit unseren Mikrobiota in Frieden leben. Und damit wir das schaffen, sollten wir sie nach deren „Namen" fragen – durch eine Mikrobion-Analyse.

Läufer und ihr Runner's Stomach

Ist körperliche Aktivität immer gut? Gibt es gar keine negativen Seiten? Für Extremsportler bestehen doch gewisse Gefahren. Athleten, die Ultra-Marathons laufen, oder professionelle Läufer haben häufig ein Problem mit dem sogenannten „Runner's Stomach". Da ihr Körper extrem gefordert und aktiviert wird, wobei alle Muskeln mitarbeiten müssen, werden diese beim Laufen über Gebühr strapaziert. Bei Ultra-Marathons, die über absurde 100 Kilometer oder mehr gehen, wird der Blutfluss in den Muskeln und dem Herzen stark gefördert, für andere Organe dafür dramatisch reduziert. Dann verschwindet plötzlich der Tonus vom Darm. Er bekommt so wenig Blutfluss, dass er seine Funktion nicht mehr aufrechterhalten kann. Und plötzlich müssen manche Läufer mitten im Ultra-Marathon auf die Toilette gehen. Keine Einzelfälle. Die meisten Ultra-Marathonläufer, die es nicht bis zur Ziellinie schaffen – das sind mehr als 60 Prozent (!) –, beenden das Rennen und hocken mit verkrampftem Gesicht auf der Toilette.

Wird das Sporteln zum Extrem getrieben, kann es zu Problemen kommen, klar. Deswegen wird Läufern empfohlen, kurz vor dem Rennen oder am Tag vor dem Rennen keine fetthaltige Nahrung zu sich zu nehmen; vor dem Marathon keinen Alkohol oder Kaffee zu trinken, um keinen „Runner's Stomach" zu bekommen; und beim Laufen regelmäßig Flüssigkeit zu sich zu nehmen, um den Darm nicht zu überlasten.

Bei einem kurzen Lauf von einer halben Stunde oder einer Stunde werden wir damit kein Problem bekommen.

Außer wir wollen die Wiener Prater Hauptallee hin und her joggen und haben zuvor eine Stelze im Schweizerhaus verschlungen.

Wenn das Mikrobiom aus der Balance ist

Wenn Menschen sich entscheiden, ins Fitnesscenter zu gehen, und sagen: „Okay. Bisher war ich körperlich nicht sehr aktiv, aber ab heute mache ich was!" Genau da verfallen sie mitunter in eine Manie: „Ich muss Muskelmasse aufbauen, mehr Muskelmasse, viel mehr Muskelmasse."

Manche sind so besessen davon, sich Muskelberge anzutrainieren, dass sie beginnen, proteinhaltige Nahrungsergänzungsmittel oder übermäßig Proteinpulver zu nehmen. Was passiert dann im Darm? Gerade diese Nahrungsergänzung mit Proteinen führt dazu, dass die Diversität der Bakterien im Darm deutlich reduziert wird. Alle Bakterien, die Lust auf Ballaststoffe haben, werden weniger und die, die gern Zucker und Proteine essen, immer mehr und mehr. Somit ergeben viele Protein-Shakes eine ähnliche Lebensmittel-Tendenz, wie sie ein Fast-Food-Junkie kennt.

Ist das Mikrobiom einmal aus der Balance, haben diese Leute dann überhaupt keine Lust mehr auf Ballaststoffe – Gemüse und Obst –, sondern wollen nur noch mehr Fleisch essen. Viel rotes Fleisch. Ob das der Laden mit den goldenen Bögen ist oder ein Burger King oder ein T-Bone-Steak auf die Schnelle – die Leute gieren nach Proteinen.

Her mit dem Fleisch.

Kurzfristig fördert dies das Muskelwachstum. Und kurzfristig zeigen sich auch keine schlechten Nebeneffekte.

Aber wenn das zu lange betrieben wird, verändert sich das Mikrobiom so stark, dass es der Bodybuilder schwer wieder in den Griff bekommt. Und wir wissen aus der Langlebigkeitsforschung, dass gerade hoher Proteinkonsum mit einer kürzeren Lebensdauer zusammenhängt. Ein Gusto auf Fleisch, die Gier nach Proteinen führt meistens dazu, dass die Leute noch mehr Fleisch essen. Darin befinden sich gewisse Aminosäuren, vor allem Methionin, das eigentlich einen Pro-Aging-Effekt hat.

Die Menschen altern schneller, wenn sie zu viel Methionin zu sich nehmen. Daher empfiehlt es sich, lieber das eine oder andere Mal auf pflanzliche Proteine auszuweichen, da sie weniger von dieser Aminosäure in einem Gramm Protein enthalten.

In einer Studie aus dem Jahr 2018 haben sich Forscher – wieder anhand von Mäusen – angesehen, welche Bakterien bei verschiedenen Ernährungsarten entstehen, und welche sie nicht finden, wenn die Mäuse trainieren. Abgesehen davon, dass die Nager durch die körperliche Aktivität Fett verbrannt haben, trat noch ein unerwarteter zusätzlicher Effekt ein: Die Mäuse fingen plötzlich an, sich gesünder zu ernähren.

Durch die körperliche Aktivität bevorzugten sie weniger fetthaltige Nahrung, weil Bewegung genau die Bakterien unterstützt, die kein Fett mögen. Dadurch wurden jene Bakterien unterdrückt, die Fett lieben.

Wir können natürlich hin und wieder einen Schweinsbraten essen, ein Schnitzel mit Erdäpfelsalat bestellen, eine Pizza kommen lassen oder ein Beef Tatar zerfleischen. Trotzdem haben sich bewegende Menschen automatisch mehr Lust auf gesundes Essen. Und das geht vom Mikrobiom aus. Nicht vom Kopf, sondern vom Darm.

Weil Kopf und Darm viel miteinander reden. Schauen wir einmal zur Traditionellen Chinesischen Medizin (TCM) oder anderen alternativen Medizinformen. Dort gibt es viele Bilder von Chakren, Energiebereichen, Regionen unseres Körpers, die unsere Gesundheit definieren. Die Lebensenergie in diesen Abbildungen ist immer im Bereich des Bauchs abgebildet. In der westlichen Medizin ist das Herz der Mittelpunkt. Die Lebensenergie in der TCM liegt einige Zentimeter darunter, dort, wo eigentlich unser Darm ist. Und auch die Leber. Sie dient zur Entgiftung und der Darm zur Aufnahme von Materie. Die beiden Organe haben viel mit der Umwandlung der Materie und der Energie, vor allem in Form von chemischer Energie, zu tun. Und Chemie ist die Grundlage unserer Biologie – unseres Lebens.

In dieser alten Kultur wurde schon vor langer Zeit erkannt, wie wichtig unser Darm ist, und welche Bedeutung er für die Gesundheit, für unser ganzes Leben hat. Weil wir das sind, was wir essen.

Biologische Äquivalente unserer vollen Teller.

Und was ist mit dem Bauchgefühl?

Alle haben wir schon einmal eine Entscheidung „aus dem Bauch heraus“ getroffen. Darunter wird eine auf Intuition und nicht auf rationaler Überlegung beruhende Entscheidung verstanden. Lässt sich diese Vorgehensweise wissenschaftlich beschreiben? Ist da überhaupt was dran? Wie können wir mit unserem Bauch überhaupt fühlen?

Es gibt zu diesem Thema eine bekömmliche Publikation, die eine neue, alternative Betrachtung des Darms beschreibt. *Folge deinem Bauchgefühl* von Johanna Fischer, erschienen 2020. Die Wissenschaftlerin hat geschrieben, dass unser Darm neben einem Immunorgan und einem Stoffwechselorgan, das eben Nährstoffe aufnehmen kann, auch ein sensorisches Organ ist – dass unser Darm fühlen kann. Daher kommt dieses Wort: Bauchgefühl. Und wie fühlt der Darm? In unserem Bauch gibt es Rezeptoren, jede Menge Nerven. Sie sammeln Informationen, schicken sie an die Umgebung und an andere Organe. Auf diese Weise wird unser Appetit gesteuert, und es passieren lauter Dinge, die wir gar nicht bewusst wahrnehmen. Alles geschieht im Unterbewussten.

Deshalb hatte die Wissenschaft bislang keine Erklärung dafür. Mittlerweile wissen wir: Aus dem Darm werden 30 verschiedene Hormone ausgeschüttet, die dann die Funktionen anderer Organe beeinflussen. Das ist deutlich mehr als bei anderen Organen, die als traditionelle endokrine Organe bezeichnet werden. Hormone sind Stoffe, die die Funktion der Organe, in denen sie nicht produziert werden, steuern. Dass 30 davon in unserem Darm produziert werden, ist unglaublich. Und sie lenken auch die Funktion des Herzens, unserer Nieren, unserer Muskeln, unseres Gehirns. 30 Hormone, die aus dem Darm hinausgehen und dieses unbewusste Etwas erzeugen, das Bauchgefühl.

Kleine Geschichte am Rande: Ein Manager einer großen deutschen Bank war Gast bei einem Charity Event. Er wurde dort von fünf jungen Menschen umringt, die wissen wollten, wie er seine Karriere bislang erlebt hatte.

Die jungen Leute fragten ganz interessiert: „Wie werden wir glücklich mit unserer Arbeit?“ oder: „Wie wird unser Leben erfüllend?“ Und der Manager antwortete: „Wir müssen immer mit guten Menschen arbeiten. Und die guten Menschen erkennt man mit einem guten Bauchgefühl.“ Der große Banker erzählte etwas komplett anderes als das, was die jungen Leute in einem MBA-Milieu oder im Wirtschaftsstudium gelernt hatten. Das Erste, was sie dort hören, ist, dass alles rational betrachtet werden muss. Alles muss analysiert werden. Man muss alle Zahlen im Kopf haben und darauf basierend eine rationale Entscheidung treffen.

Der Banker schüttelte den Kopf. „Nein, Freunde. Alle wichtigen Entscheidungen habe ich mein Lebtag aus dem Bauch heraus getroffen.“

Das Quintett der Jungen wollte sogar wissen, was der Top-Manager trinkt, was er isst. Es stellte sich heraus, dass er sehr darauf achtete, was er zu sich nahm, und wie er seinen Körper behandelte. Daraus ergibt sich ein gutes Bauchgefühl. Das ist wissenschaftlich vielleicht nicht belegt, aber vom Leben abgesegnet.

6. DAS GEHIRN, UNSER KONTROLL-ZENTRUM: WIE WIR DER DEMENZ ENTKOMMEN

Denken wir kurz nach. Ah ja. Das Gehirn, lateinisch *cerebrum*, ist laut Definition der im Kopf gelegene Teil des zentralen Nervensystems. Es liegt geschützt in der Schädelhöhle, ist von Hirnhäuten umgeben und besteht hauptsächlich aus Nervengewebe. Neuesten Untersuchungen zufolge befinden sich dort rund 86 Milliarden Nervenzellen.

Es ist unser Hauptquartier, verarbeitet sämtliche Sinneswahrnehmungen und dient als Speicher für die meisten Informationen. Daran können sich viele wahrscheinlich noch aus ihrer Schulzeit erinnern. Unterdessen gibt es Wissenschaftler, die behaupten: „Der Hauptgrund, warum wir ein Gehirn haben, ist, damit wir uns bewegen können." Das Oberstübchen regelt nahezu alle Abläufe im Körper.

Beginnen wir im Zentrum. Direkt hinter der Nase, in der Mitte des Kopfs, befindet sich der Hippocampus. Heute wissen wir, dass er für das Lernen, das Gedächtnis und für Gefühle zuständig ist. Drei Fähigkeiten, die den Menschen ausmachen. Deswegen liegt dieser Teil so gut geschützt mittendrin. Hippocampus heißt übrigens Seepferdchen.

Lange Zeit hat die Wissenschaft geglaubt, der Hippocampus müsste etwas mit dem Riechen zu tun haben, weil er direkt hinter der Nase liegt. Außerdem gibt es keine andere Sinneswahrnehmung, die so gute Erinnerungen hervorruft wie das Riechen. Der Hippocampus liegt unmittelbar neben dem Riechzentrum des Gehirns. Warum denn das? Für die Evolution war es entscheidend, dass die Tiere ihre Artverwandten gut riechen konnten. Wenn wir jemanden anziehend finden, funktioniert das so, dass Pheromone wahrgenommen werden. Der Geruchssinn analysiert sie. So können wir die Gefahr in einem Dschungel oder in der Savanne schneller riechen als sehen oder hören. Und dann sagt unser Gehirn: „Das ist ein Freund oder ein Feind." Bedeutet: Oxytocin oder Adrenalin ausschütten. Lieben oder ums Leben rennen.

Erinnerungen spielen eine große Rolle. Erst seit 1953 wissen wir, dass der Hippocampus etwas mit Erinnerungen zu tun hat. Damals wurde dem Patienten Henry Gustav Molaison (er wird in der wissenschaftlichen Literatur einfach nur als Patient HM geführt) der Hippocampus operativ entfernt. Molaison hatte heftige, unkontrollierbare epileptische Anfälle. Und sein Chirurg war der Meinung, dass es dem Patienten nach der OP deutlich besser gehen werde. 1953 ist gar nicht so lange her; damals durften die Ärzte noch alles machen. Molaisons Zustand verbesserte sich nach der OP tatsächlich. Allerdings hatte er sein Kurzzeitgedächtnis verloren. Er konnte sich nicht mehr an das Gestern erinnern. Erst dadurch kamen die Ärzte und später die Wissenschaftler darauf, dass der Hippocampus für das Lernen und für das Gedächtnis eine tragende Rolle spielt.

Sport macht den Kopf frei und den Geist wach

Körperliche Bewegung hat einen positiven Effekt auf unsere geistige Gesundheit, weil Sport Stresshormone im Körper reduziert. Wenn wir gestresst sind oder unser Körper in den „Fight or Flight"-Modus geht, wird Adrenalin ausgeschüttet, und das aktiviert den Körper, damit er entweder flüchten oder kämpfen kann. Mit der Zeit lernt unser Körper damit umzugehen, und wir werden stressresistenter. Auch die Achtsamkeit wird erhöht. Wir nehmen klarer wahr, was rund um uns herum geschieht – allerdings fokussiert und auf das Gegenüber gerichtet. Die Herzschlagrate erhöht sich, der Blutdruck steigt. Die Organe werden besser durchblutet, wir bringen mehr Leistung. Der Blutfluss durch die Haut ist reduziert. Ja, wenn wir gestresst sind, fließt weniger Blut durch die Haut. Das hat nicht gerade ästhetische Effekte. Wenn weniger Blut in der Haut ist, verlieren wir weniger Blut bei einer Verletzung. Dabei gelangen aber auch weniger Nährstoffe dorthin. Die Haut altert schneller. Um sie nach dem Kampf oder Sport zu regenerieren, empfiehlt sich eine warme Dusche oder noch besser die Sauna.

Die zweite Achse neben Adrenalin ist die Ausschüttung von Cortisol, dem Stresshormon. Wenn wir uns in Gefahr befinden, bereitet uns Cortisol auf mögliche Verletzungen vor. Die Immunzellen werden aktiviert. Falls wir uns verletzen, müssen unsere Immunzellen sofort vor Ort sein, damit sie die eingetretenen Bakterien bekämpfen können. Wir müssen gewappnet sein, wenn uns ein Löwe den Weg abschneidet. Oder der Abteilungsleiter um 17.54 Uhr noch mit zwei Aktenordnern bei der Tür hereinkommt und sagt: „Das muss bis morgen erledigt werden!“ Falls sich der Löwe auf den Abteilungsleiter stürzt, ist die Gefahr für uns gebannt. Der Körper beruhigt sich und fährt wieder auf das Normal-Level hinunter. Kommt kein Löwe vorbei, drohen Überstunden.

Doch was passiert, wenn Cortisol über eine lange Zeit hinweg ausgeschüttet wird? Wenn wir ständig unter Strom stehen? Die Kinder müssen in die Schule, wir müssen aber noch zur Post, zur Bank und zur Tankstelle und eigentlich schon in der Arbeit sein. Zwischendurch kommt ein Anruf vom Chef, der unbedingt heute und am besten jetzt sofort die neuen Zahlen braucht. Und ein Mitarbeiter will den Bericht vom Meeting. 100.000 Dinge passieren im Alltag, wir haben ständig Stress und manchmal Panik. Unsere Immunzellen sind dauernd aktiviert, suchen fiebrig nach Gefahrenquellen. Wenn sie mehrere Tage oder Wochen von einem Wachturm zum nächsten geflitzt sind, halten sie inne und sagen sich: „Hey, Moment. Es ist ja nix passiert. Unser großer Boss hat sich gar nicht verletzt. Aber wir sind ständig bereit. Jetzt schauen wir mal, was passiert, wenn wir nichts tun."

Dann fahren die Immunzellen ihre erhöhte Wachsamkeit auf DEFCON 5 – Frieden – hinunter. Und was passiert? Nichts. Weil es keine echte Gefahr gibt. Unsere Immunzellen sind stillgelegt. Aber dann sind wir auch verletzlicher. Mit der Zeit kommen Bakterien über unsere Haut oder die Atemwege in den Körper. Die Immunzellen sind gewohnt, dass wir einen hohen Cortisol-Level haben. Und sie merken gar nicht, dass auf einmal eine Gefahr vorhanden ist. Dann fahren wir vielleicht einmal in den Urlaub. Unser Cortisol-Level geht wieder nach unten. Das Immunsystem ist sowieso schon gelähmt. Und jetzt fangen diese Bakterien an sich zu verbreiten, weil sie noch weniger Gegenwehr haben. Daher werden wir krank. Im Urlaub. Super. Was können wir dagegen tun? Durch Sport kann unser Cortisol-Level reduziert werden. Der „Fight or Flight"-Modus wird gedämpft, und das, obwohl es beim Sport zu einer leichten Erhöhung des Adrenalins kommt. Der Blutfluss durch unsere Haut verbessert sich. Ästhetische Effekte gibt es obendrein.

Eine Substanz im Hirn scannt die Umgebung und reguliert den Hunger

Aber noch viel interessanter ist, dass diese Stressresistenz aufgebaut wird. Neben Cortisol und Adrenalin – also eigentlich Signalen, die im Körper passieren und ins Gehirn und andere Organe geschickt werden – gibt es auch Substanzen, die in unserem Kopf ausgeschüttet werden. Eine davon ist der „Brain-derived neurotrophic factor", kurz BDNF. Das ist eine Substanz, die in mehreren Organen – inklusive dem Gehirn – ausgeschüttet wird, um unsere Antwort auf die Umgebung zu steuern. BDNF steuert die Funktionen von gewissen Bereichen im Gehirn und den peripheren Nerven. Eine der wichtigsten Funktionen dieses Moleküls ist die Antwort auf die Umgebung, also die Anpassung an Tag oder Nacht, Sport oder kein Sport, Essen vorhanden oder nicht, Löwe vor mir oder nicht.

Dieses BDNF hat mehrere Targets im Gehirn, zwei der wichtigsten Bereiche aber, die dadurch gestört werden, sind der Hypothalamus und der Hippocampus. Im Hypothalamus steuert das BDNF einerseits die Regulation von Appetit, unsere Nahrungsaufnahme und den Energieumsatz. Es regelt, wie viel Energie der Körper braucht. Durch körperliche Aktivität wird BDNF erhöht, und durch diese stärkere Ausschüttung bekommt der Hypothalamus das

Signal: „Wir brauchen weniger Nahrung." Der Appetit ist gehemmt, weil jetzt Blut für die Aktivität und nicht für die Verdauung gebraucht wird. Das ist einer der Gründe, warum Sport bei Essstörungen eine positive Wirkung haben kann. Auch der Energieverbrauch wird erhöht. Das hilft uns beim effizienten Abnehmen. Gerade in Kombination mit dem periodischen Fasten kann das gut eingesetzt werden, weil der Heißhunger verschwindet. Schon durch leichte körperliche Aktivität wie einen Spaziergang wird dieser Heißhunger bekämpft. Der Schokoriegel ist auf einmal uninteressant.

Der zweite Bereich ist der Hippocampus. Er ist für das Lernverhalten und die Informationsverarbeitung zuständig. Das ist ein recht plastischer Bereich im Gehirn. Dort können Nervenzellen wachsen. Lange Zeit hatte die Wissenschaft geglaubt, dass das Gehirn bei erwachsenen Menschen nicht mehr wachsen kann. Quasi: Wir bekommen bei unserer Geburt einen Sack voll Nerven, und die haben wir dann bis zum Ende unseres Lebens. Es kommt nichts Neues dazu, die grauen Zellen werden langsam zerstört. Falsch. Mittlerweile wissen wir, dass dem nicht so ist. Aber diese Prozesse laufen extrem langsam ab. Der Hippocampus kann sich verändern und anpassen. Er ist flexibel.

Gerade bei Alzheimer, Demenz oder Parkinson spielt das eine entscheidende Rolle. Neben dem Lernen und der Erinnerung hat der Hippocampus noch andere Funktionen. Er ist zuständig für die räumliche Navigation – wo bewegen wir uns, wo befinden wir uns in einem Raum? Und deswegen wird dieser Bereich im Hirn bei der Bewegung aktiv benutzt. Auch unsere Emotionen werden durch den

Hippocampus reguliert. Zwischen dem Hippocampus und der Amygdala gibt es eine starke Verbindung. Die können gut miteinander.

Wie werden die niederen Instinkte gekitzelt

Die Amygdala ist vielleicht aus Büchern bekannt, die sich mit Angst beschäftigen – diesem instinktiven Verhaltensmuster bei Menschen. Die Amygdala-Hippocampus-Achse ist für unsere Emotionen zuständig. Die Amygdala selbst ist eines der ältesten Gehirnareale beim Menschen, das Reptiliengehirn.

Dieser Bereich ist bei den niederen Tieren stärker ausgeprägt als beim Menschen und steuert den Instinkt. Daher entstehen dort die meisten Gefühle. Und der Hippocampus ist mehr oder weniger das menschliche Gehirn, dort entstehen keine Emotionen, sie werden nur reguliert. Wenn die Nervenplastizität des Hippocampus nicht vorhanden ist, wird auch unsere emotionale Regulation gestört. Dann können wir die Emotionen, die in der Amygdala aufkommen, nicht mehr so gut lenken.

Es gab dazu aufschlussreiche Experimente, bei denen Wissenschaftler die Funktion des Hippocampus mit elektrischen Impulsen senkten. Dann zeichneten sie auf, welche Emotionen bei den Probanden am stärksten waren. Durch elektrische Impulse lassen sich bei manchen Menschen Panikattacken und Angstzustände auslösen. Dabei wollten die Wissenschaftler herauszufinden, welche Emotionen häufig auftreten und welche Menschen auf die Impulse besonders anfällig sind. Das war eine umstrittene Methode.

Trotzdem ließ sich erkennen, wie wichtig die Regulation der Emotionen durch den Hippocampus ist. Durch körperliche Aktivität wird BDNF ausgeschüttet und führt dazu, dass im Hippocampus neue Zellen gebildet und neue Verbindungen zur Amygdala gestärkt werden. Dadurch wird eine höhere Resilienz aufgebaut. Also nicht nur Resilienz gegen Cortisol und den biochemischen Prozess von Stress, sondern auch gegen den emotionalen Stress. So wird psychische Hygiene erzeugt. Ausgeglichenheit.

Demenz – zu wenig Blut im Hirn?

Als Kontrollzentrum schickt das Gehirn verschiedene Befehle an alle Organe. Muskeln erhalten Informationen, was sie tun sollen, wenn etwa der rechte Arm angehoben werden soll, weil sich der Mensch am Kopf kratzen will. Aber wie wir wissen, sind auch Muskeln in der Lage, Infos an das Gehirn zu schicken.

2020 wurde dazu an der Southwestern University in Georgetown, Texas, eine Studie durchgeführt. Die Wissenschaftler wollten überprüfen, was Bewegung bei Menschen auslöst, die ein hohes Risiko für Alzheimer haben oder erste Anzeichen von Demenz zeigen. Diese Probanden hatten schon MCI, Mild Cognitive Impairment, eine leichte Veränderung ihrer Lernfähigkeit. In unserer Gesellschaft fällt eine von fünf Personen, die älter als 65 sind, in diese Kategorie. 20 % der Menschen, die älter als 65 Jahre alt sind, haben eine leichte Störung ihrer Lernfähigkeit oder eine beginnende Senkung ihrer Lernfähigkeit. Die Wissenschaftler stellten sich mehrere Fragen: Wodurch kennzeichnet sich diese Reduktion der Lernfähigkeit? Eines der wichtigsten Ereignisse, die kurz davor passieren oder damit zusammenhängen, ist die Durchblutung des Gehirns. Wie viel Blut fließt durch das Gehirn, und wie flexibel sind die Arterien, die Blutgefäße im Gehirn? Können sie sich an die Bedürfnisse der Zellen anpassen? Können sie sich erweitern, wenn mehr Blut benötigt wird? Können sie sich verengen, wenn weniger Blutfluss da ist? Und gibt es einen Zusammenhang mit der Bewegung?

Den Wissenschaftlern war klar, dass sie die Probanden nicht sechsmal die Woche ins Fitnesscenter schicken konnten. Also gaben sie ihnen eine andere Hausaufgabe. Die Senioren sollten dreimal in der Woche eine halbe bis dreiviertel Stunde moderat spazieren gehen. Einfach gemütlich schlendern. Nach einigen Wochen kamen die Probanden zur Untersuchung. Ergebnis: Nicht nur die Durchblutung der Muskeln hatte sich verbessert, auch im Gehirn funktionierte sie deutlich besser. Die Blutgefäße im Gehirn waren elastischer und konnten viriler auf die Umgebung reagieren. Und die Lernfähigkeit wurde bei diesen Personen, die davor MCI hatten, durch diesen Effekt ebenfalls optimiert.

Die Wissenschaftler waren sich einig: Um einer Beeinträchtigung der Lernfähigkeit vorzubeugen, sollte jeder Mensch kontinuierlich körperliche Bewegung machen. Also zwei- bis dreimal in der Woche spazieren gehen, ab und zu Pilates, Yoga oder ein leichtes Muskeltraining. All diese Dinge können gegen Demenz helfen. Weil es nicht zu dieser Reduktion des Blutflusses im Gehirn kommt.

Fahrradfahren fällt ebenfalls unter moderate Bewegung. Oder schwimmen. Wir können 30 Minuten auf dem Stepper oder Crosstrainer leicht schwitzend trainieren. Damit tragen wir zwar nicht viel dazu bei, irgendwann wie Arnold Schwarzenegger auszuschauen, aber wir sind ein Stück näher an einem Albert Einstein.

Die graue und die weiße Materie: Was wir uns merken

Im Gehirn gibt es graue und weiße Materie. Die graue Materie sind die Zellkerne und die weiße Materie die Axone. Die Zellkerne haben einen Körper und Verbindungen zu den anderen Nerven. Eine Zelle allein ist nichts. Die Kommunikation zwischen den einzelnen Zellkernen ist das Hauptmerkmal des Nervensystems. Die Übertragung der Daten – nicht die Daten per se – ist das, was unser Nervensystem so spannend macht. Das Hirnschmalz. Die Übertragung funktioniert über die Verlängerung der Zellen, die Axonen und Dendriten. Begriffe, die zum Nachdenken anregen, nicht?

Die Axonen sind lang und die Dendriten kurz. In der Umgebung können die Zellen über die Dendriten kommunizieren.

Beispiel: Wir sitzen an einem Tisch und sind die kurzen Dendriten. Wir wissen, dass es heute in Wien sonnig ist. Möchten wir aber wissen, wie das Wetter in Dubai ist, müssen wir jemanden anrufen. Diese Kommunikation übernehmen die Axone. Die Axone sind relativ dünn, um Platz zu sparen. Das macht sie zerbrechlich, weshalb sie von Fett umgeben sind, das den Stress auf die Axone puffert. Diese Schutzschicht heißt Myelinscheide.

Die Forschung konzentrierte sich bislang vor allem auf die graue Materie, die Zellkerne. Doch eine kürzlich veröffentlichte Studie zeigt, dass die weiße Materie einen positiven Einfluss auf das Gedächtnis hat. Im Rahmen dieser Studie wurden drei Gruppen gebildet. Die erste Gruppe ging dreimal in der Woche 40 Minuten lang spazieren, die zweite dreimal in der Woche tanzen, und die dritte machte gar nichts.

Nach sechs Monaten konnten die Wissenschaftler eine höhere Dichte an weißer Materie in den Gehirnen der Teilnehmer der ersten und auch der zweiten Gruppe feststellen. Außerdem wurde die Gedächtnisleistung der Probanden aus diesen Gruppen verbessert. Bemerkenswert: Die besten Ergebnisse hatte die Spaziergänger-Gruppe.

Warum das so ist, haben die Wissenschaftler noch nicht herausgefunden. Es könnte an der Umgebung, der sozialen Komponente oder der Intensität liegen. Genau wissen wir es nicht. Diese Erkenntnis ist aber immens wichtig für die Demenzprävention.

Die Studie stammt von Juni 2021. Und es ist auch sehr spannend, dass gerade mit aerobem Training die weiße und die graue Masse zunahmen. Nicht nur die Masse und die Durchblutung, sondern auch die Gedächtnisfunktion kann durch Bewegung gefördert werden. Die Regelmäßigkeit der Bewegung ist ausschlaggebend für den Erfolg. Und es sollte niemals die Ausrede sein: „Ich habe die letzten 30 Jahre nichts gemacht, jetzt ist es zu spät." Es ist nie zu spät. Jede Altersgruppe profitiert von körperlicher Aktivität. Jede.

Demenz wird nicht durch mangelnde Bewegung verursacht, allerdings unterstützt ein Mangel an Bewegung die Entstehung und Entwicklung von Demenz. Daher wird empfohlen, dass Menschen regelmäßig körperlich aktiv sein sollen.

Gehen, gehen und nochmals gehen.

Wie wird man eigentlich dement? Was passiert da? Wir wissen leider noch nicht, wie man dement wird oder was genau dahintersteckt. Würden wir es wissen, hätten wir eine Lösung dafür. Was wir bislang wissen, ist, dass Demenz eine Reduktion der Gehirnfunktion, also von Gedächtnis und Denkleistung, beim Menschen bedeutet. Die Funktion des Gehirns ist nicht mehr so, wie sie früher war. Die Menschen vergessen vieles. Und gerade diese Entwicklung ist für sie sehr unangenehm, weil sie zu einer deutlichen Senkung der Lebensqualität führt und die Menschen nicht mehr selbstständig sind. Ein riesengroßes Problem. Nicht nur für die Patienten, sondern vor allem für deren Familien.

Demenz ist eine altersbedingte Erkrankung. Das heißt, je älter wir werden, desto höher ist die Wahrscheinlichkeit, dass wir daran erkranken. Da unsere Gesellschaft immer älter und älter wird, bekommen auch immer mehr Menschen die eine oder andere Form von Demenz.

Grundsätzlich glaubten Mediziner und Wissenschaftler, dass sich unsere Nervenzellen nicht vermehren und unser Gehirn nicht die Fähigkeit besitzt, neue Zellen auszubilden. Mittlerweile ist das Gegenteil bewiesen. Die Ausbildung neuer Nervenzellen im Gehirn oder in anderen Teilen des Nervensystems nennt die Wissenschaft Neuroplastizität. Das Problem ist, dass nicht so viele Nervenzellen gebildet werden können, und dass das nicht so schnell funktioniert, wie wir es eigentlich bräuchten, um der Demenz – dem Absterben der Nervenzellen – entgegenzuwirken.

Der Radiergummi des Lebens

Eines der Kennzeichen von Demenz ist das Absterben von Zellen. Wenn in einem System, in dem jede Zelle wichtig ist, weil sie für irgendeine Form von Gedächtnis und Gehirnfunktion zuständig ist, Zellen absterben, gehen Funktionen verloren. Bilden sich keine neuen Zellen nach, gehen manche dieser Funktionen für alle Ewigkeit verloren. Und das ist es, was bei der Demenz wirklich Angst macht.

Sie ist ein Radiergummi des Lebens.

Unser Gehirn funktioniert dann mit weniger und weniger Kapazität. Auch die Ausbildung neuer Zellen kann da nicht mehr helfen, denn der Körper kommt mit der Geschwindigkeit des Abbaus des Gehirns, des Gewebes, der Zellen nicht mit. In diesem Zusammenhang stellt sich die Frage: Warum sterben Zellen überhaupt ab? Wenn sie so rar sind und schwer nachbesetzt werden können, sollten sie doch nicht sterben. Das hat biologisch keinen Sinn.

In einem gesunden Organismus hat das sehr wohl Sinn. Durch die Funktion der Zellen sammelt sich dort viel zellulärer Schrott an. Defekte Organellen, marode Moleküle rotten sich zusammen. Bei den Nervenzellen reduziert das die Leitfähigkeit. Sie können weniger Informationen übertragen oder sind weniger effizient.

Die Zellen helfen sich mit der Autophagie, dem körpereigenen Putztrupp. Defekte Moleküle werden abgebaut. Das kann die Entwicklung der Demenz verlangsamen oder bis zu einem bestimmten Grad verhindern. Haben die Zellen ein gewisses Maß an Verstopfung oder Verschmutzung erreicht, können sie nicht mehr normal funktionieren.

Eine irrationale Zelle ist eine Gefahr für ihre Umgebung, eine Gefahr für den gesamten Organismus, weil unser Gehirn die Funktion unseres Herzens, unseres Darms steuert; es formt unsere Gedanken, unser Verhalten. Das alles erfolgt in diesem Kontrollzentrum. Läuft etwas schief, sind die Folgen fatal. Plötzlich wird ein Signal ausgeschüttet, jetzt wird Adrenalin gebraucht, aber wir sind gerade schlafen gegangen. Dann können wir nicht schlafen, weil uns das Adrenalin aufputscht. Das ist noch ein relativ harmloses Szenario, weil jeder von uns schon einmal eine schlaflose Nacht erlebt hat. Passiert es aber zu oft, wird unser Gehirn überreizt – ein Problem in Houston.

Wenn zum Beispiel die Funktion des Herzens gestört wird, oder wenn Gedanken unser Verhalten konterkarieren, sind die Auswirkungen noch drastischer. Daher sind unsere Gehirnzellen so altruistisch und sagen: „Hey, ich weiß, wenn ich meinen Job nicht richtig machen kann, dann ist es besser, wenn ich überhaupt keinen Job mache. Und tschüss."

Für die Zellen bedeutet das Selbstmord. Sie bringen sich um – über einen kontrollierten Weg des Sterbens. Unsere Zellen können über viele Wege umkommen. Sie sterben durch mechanischen Druck, bestimmte Säuren oder chemische Stoffe. Und sie sterben bewusst. Das sind die sogenannten programmierten Zelltodwege, und einer davon ist die Apoptose, das kontrollierte Absterben der Zellen. Genau das passiert im Gehirn bei der Demenz. Sterben, um zu leben.

Eine tote Zelle kann unser Gehirn gut verkraften, zwei Zellen zu verlieren ist auch noch in Ordnung. Sogar zehn tote Zellen sind kein Drama, aber wenn Tausende Zellen in unserem Gehirn den Geist aufgeben, gehen essenzielle Funktionen verloren. Wir haben Konzentrationsprobleme. Wir können schlechter lernen. Wir bekommen Verhaltensstörungen, weil die anderen Zellen die Funktion jener Zellen, die futsch sind, nicht mehr mittragen können; sie sind überlastet. Das ist wie in einem Unternehmen, in dem hundert Mitarbeiter arbeiten. Einer kann in Pension gehen. Die restlichen werden das locker schaffen. Wenn plötzlich dreißig Mitarbeiter weg sind, gibt's ein Problem. Nicht jeder kann um fünfzig Prozent mehr arbeiten.

Träum was Süßes: Das Gehirn und der Schlaf

Viele Menschen haben Schlafstörungen, weil sie den ganzen Tag vor dem Rechner sitzen. Sie sind dem blauen Licht der Monitore ständig ausgesetzt. Unser Gehirn wird durch das blaue Licht aktiviert, und daher kommen wir nicht so leicht runter. Gerade am Abend beim Fernsehen. Der Fernseher sendet dieses blaue Licht aus, wir werden nicht wirklich müde. Unser Gehirn bleibt aktiv, auch wenn wir schlafen gehen.

Das Gehirn soll sich am Abend beruhigen, damit wir zu einem qualitativ hochwertigen Schlaf kommen. Wenn wir bis zum Schlafengehen vor dem Rechner oder Fernseher sitzen, bleibt das Gehirn noch aktiv, bis wir einschlafen, und es dauert viel länger, bis sich die Gehirnaktivität wieder beruhigt. Erst dann kann sich unser Gehirn wirklich erholen. Deswegen wird empfohlen, dass wir lange vor dem Schlafengehen alle Geräte ausschalten. Nicht vorm Handy, nicht vorm iPad oder dem Computer, nicht vorm Fernseher sitzen, sondern ein Buch lesen – dieses hier zum Beispiel – oder ein Glas Wein auf der Terrasse trinken. Zum Wohl! Etwas tun, das uns beruhigt.

Denn was passiert im Schlaf? Wir haben unzählige Nervenzellen, die miteinander über elektrische Impulse, aber auch über chemische Botenstoffe kommunizieren. Diese Botenstoffe werden aus einer Zelle ausgeschüttet und von den anderen aufgenommen. Sie schicken sich sozusagen Briefe. Wenn zu viele Nachrichten, zu viele Briefe rausgeschickt werden, was untertags der Fall ist, passiert Folgendes: Eine Zelle schickt zehn Briefe hinaus, neun kommen an, und einer geht verloren. Die Briefe, die verloren gehen, bleiben zwischen den Zellen hängen, sie schwimmen in diesem zellulären Saft. Über den ganzen Tag sammeln sich diese verlorenen Briefe dort im Zwischenraum an, und früher oder später können die Zellen nicht mehr unterscheiden: Welche sind nun die verloren Briefe und welche neu dazugekommen? Es dümpelt alles im selben Zwischenraum herum. Im Trüben.

Damit sich die Zelle vor den alten Nachrichten schützt, weil die ja nicht mehr relevant sind, macht sie einfach eine Blockade und wird selektiv. Sie schaut sich genau an, was aufgenommen wird. Aber sie hat kein Werkzeug, um zu entscheiden, was aktuell ist und was nicht. Irgendwann ist sie so weit, dass sie sagt: „Ich nehme jetzt nur noch 20 % der Nachrichten an, ich komm mit der Informationsüberflutung einfach nicht mehr zurecht." Die Kapazität ist ausgeschöpft, und nur mehr die grundlegenden Funktionen können richtig ausgeführt werden.

Es gibt verschiedene Aspekte der Ansammlung dieser schädlichen Moleküle im Gehirn. Der erste ist Überbelastung und nicht ausreichende Reinigung dieser Zellen, keine Erholungsphasen – Stress. Das erleben viele von uns im Alltag. Wir sind es gewohnt, ständig unter Strom zu stehen.

Der zweite ist die Ernährung und die Aktivierung der Autophagie. Wird die Autophagie nicht aktiviert, weil unsere Zellen laufend Zucker bekommen und daher nichts abbauen müssen, wird dieser zelluläre Müll nicht ausreichend abgebaut. Das heißt, um die Autophagie, den Putztrupp, zu aktivieren, gibt es gewisse Stoffe wie Spermidin oder das Fasten.

Der dritte Aspekt ist der sitzende Lebensstil. Wir sitzen den ganzen Tag, bewegen uns nicht ausreichend, unser Gehirn wird nicht angeregt, sich zu regenerieren, was zu einer Steigerung der Demenz-Wahrscheinlichkeit führt. Und eines der ersten Zeichen, dass ein hohes Risiko für eine Demenzerkrankung besteht, ist eine Verschlechterung der Schlafqualität. Bevor wir die ersten Effekte von Demenz überhaupt im Gehirn messen können, kommt es zur Störung des Schlafrhythmus. Schlafstörungen bedeuten nicht, dass jemand an Demenz erkrankt ist, aber jemand, der an Demenz erkrankt ist, hat wahrscheinlich schon Jahre davor Schlafstörungen gehabt. Es ist schlichtweg ein Alarmzeichen für eine Störung der Gehirnfunktion.

Nachts kommt die Müllabfuhr

Im Schlaf werden unsere sensorischen Werkzeuge, wird unsere Informationsaufnahme stillgelegt. Wir schließen die

Augen, damit wir nichts sehen. Wir fokussieren uns nicht mehr auf den Geruch, auf den Geschmack, normalerweise reden wir auch nicht im Schlaf. Wir hören natürlich noch, denn das Gehör bleibt für etwaige Gefahren sensibel. Das haben wir von unseren Vorfahren geerbt, bei denen in der Nacht vielleicht einmal ein Säbelzahntiger oder eine Sandviper vorbeigeschaut hat. Heute kommt das eher selten vor. Wenn wir im Bett liegen, können wir uns entspannen.

In dieser Phase kommt die Müllabfuhr in unseren Körper. Die Straßen müssen in der Nacht gewaschen werden, auch der zwischenzelluläre Raum in unserem Gehirn wird durchgeputzt, alle alten Nachrichten werden gekübelt, alles, was vom vergangenen Tag liegen geblieben ist, wird entfernt. So viel wie möglich. Wenn alles schön sauber ist, können wir das System wieder hochfahren und sind aufnahmefähig.

Je mehr Unrat zwischen den Zellen herumschwimmt, und je fauler der Putzdienst ist, desto länger brauchen wir dafür, wirklich alles blitzblank zu bekommen. Ein gesunder Schlaf dauert nicht länger als acht Stunden; mehr Zeit sollten wir dafür nicht brauchen.

Das Putzen der Zellzwischenräume findet übrigens auch bei allen Tieren statt. Anhand der Schädelform und des Volumens lässt sich ausrechnen, wie viel Schlaf bestimmte Tiere benötigen. Gerade große Katzen haben einen sehr kleinen Raum für das Gehirn. Wenn wir uns den Kopf eines Löwen anschauen – der hat zwar einen starken Kiefer, aber wenig Platz für das Gehirn. Daher ist die Zelldichte im Gehirn eines Löwen im Vergleich zu einem Elefanten sehr hoch. Aus diesem Grund braucht ein Löwe 20 Stunden

Schlaf. Weil die aufgenommenen Informationen in diesem dichten Raum nicht effizient geputzt werden können. Je mehr Zwischenraum, desto weniger müssen die Tiere schlafen.

Jene, die sehr wenig schlafen, haben im Kopf viel Platz für das Gehirn. Mäuse haben das anders gelöst. Sie haben zwar auch wenig Platz für ihr Gehirn, sind aber nicht die ganze Zeit aktiv. Sie haben nur kurze Perioden von Wach- und Schlafzustand.

Beim Menschen reichen in Wahrheit sechs bis acht Stunden Schlaf, je nach Geschlecht, nach Anstrengung und genetischen Dispositionen sowie Alter. Gerade deswegen ist Schlaf so wichtig. Damit wir für Neues aufnahmefähig werden, brauchen wir einen gesunden Schlaf. Und süße Träume.

Warum Training am späten Abend nicht gut ist

Es gibt viele Menschen, die erst am Abend ins Fitnesscenter gehen. Es gibt Studien, in denen erforscht wurde, was im Körper jeweils geschieht, wenn wir am Tag bzw. am Abend trainieren. Nicht zu Unrecht wird der Tag auch als die aktive Phase und der Abend und die Nacht als die Ruhephase bezeichnet.

Der Mensch ruht von Natur aus, wenn die Sonne untergeht. Studien bei verschiedenen Säugetieren zeigten: Wenn sie während der aktiven Phase trainieren, finden im Körper gewisse physiologische Veränderungen statt. Beispielsweise wird die Fettverbrennung aktiviert, Ketonkörper werden gebildet oder Wachstumshormone ausgeschüttet.

Anders ist das allerdings, wenn wir uns Säugetiere anschauen, die in der Ruhephase trainieren. Das gilt auch für Menschen. Die meisten dieser physiologischen Effekte fallen dann weg. Da wird der Zuckerstoffwechsel aktiviert. Zucker wird ausgeschüttet, die Muskeln werden damit versorgt, um schnell Energie zu bekommen, und der Energieumsatz wird gesteigert. Doch die Fettverbrennung kommt zu kurz. Die Bildung von Ketonkörpern, die für die Konzentration förderlich sind, klappt nicht richtig, sie werden nicht ausgeschüttet. Durch die Ausschüttung von Zucker wird auch Insulin freigesetzt.

Ergebnis: Wir haben vor dem Schlafengehen Unmengen von Zucker im Körper herumkreisen, weil wir den Zuckerstoffwechsel beim Training aktiviert haben. Es ist allgemein bekannt, dass gerade am Abend wenige Kohlenhydrate aufgenommen werden sollten, damit wir nicht mit viel Zucker ins Bett gehen. Spaghetti Carbonara um Mitternacht sind nicht die beste Idee.

Mit der körperlichen Aktivität haben wir denselben Effekt. Unser Zucker geht in die Höhe, und dann gehen wir schlafen. Wir erleben den Blue-Screen-Effekt. Das ist ähnlich kontraproduktiv, wie den ganzen Abend vor dem Fernseher zu verbringen. Daher empfiehlt die Wissenschaft, tagsüber zu trainieren – sofern es zeitlich möglich ist. Die Trainingseinheit lässt sich gleich nach dem Aufstehen in den Tagesablauf einbauen. Am Abend sollten wir den Körper in die Ruhephase kommen lassen, damit sich der Körper, der Stoffwechsel, das Gehirn beruhigen können. Sonst leidet die Schlafqualität darunter. Das heißt nicht, dass wir kürzer schlafen, sondern im Gegenteil – dass wir mehr

Schlaf brauchen. Das wird oft missverstanden. Viele Menschen glauben: „Jetzt habe ich zehn Stunden geschlafen, das war ein gesunder Schlaf." Mitnichten. Eigentlich ist ein gesunder Schlaf nach sechs bis acht Stunden schon vorbei. Mehr braucht der Mensch nicht, außer wir sind extrem erschöpft. Kürzer als fünf Stunden ist ebenfalls nicht gesund.

Hier gibt es übrigens Unterschiede zwischen Männern und Frauen. Frauen haben ein kleineres Gehirn. Bitte lynchen Sie uns nicht, das ist erwiesen und hat nichts mit der Intelligenz zu tun, es ist eine physiologische Tatsache. Das weibliche Gehirn ist nicht kleiner, weil es weniger Nervenzellen hat, nur die Zwischenräume zwischen den Zellen sind geringer. Deshalb schlafen Frauen im Schnitt eine halbe Stunde länger als Männer, um denselben Erholungsstatus zu erreichen. Allerdings machen Männer statistisch gesehen eine Stunde weniger Bewegung als Frauen. Sie sind fauler.

Das Gehirn braucht jetzt eine kurze Pause. Wir sehen uns dann im nächsten Kapitel.

7. SCHÖNER ENTGIFTEN: DIE LEBER, DIE NIEREN, DIE HAUT: DAS DETOX-GEHEIMNIS

Zeit für einen Gin Tonic, *cheers*!

Warum gibt es überhaupt Entgiftungsorgane im Körper? Was machen sie? Die Antwort ist wenig überraschend. Wie der Name schon sagt, entfernen sie potenziell schädliche Stoffe. Sie binden sie und sorgen dafür, dass das böse Zeug auf einem möglichst harmlosen Weg aus dem Körper herauskommt. Dabei gibt es drei Wege, wie die Stoffe ausgeschieden werden. Einmal durch die Haut – durch Schweiß und Aspiration. Die Haut ist funktionell das vielseitigste Organ des Körpers. Sie dient als Hüllorgan der Abgrenzung von Innen und Außen, dem Schutz vor Umwelteinflüssen und der Wahrung des inneren Gleichgewichts. Sie hat wesentliche Funktionen bei der Wärmeregulation und beim Stoffwechsel, wodurch sie belastet wird. Sie trocknet aus; bei großen Anstrengungen leidet ihre Elastizität.

Das zweite große Entgiftungsorgan ist die Leber. Sie hat die Fähigkeit, sich zu regenerieren. Deswegen glauben viele, wenn sie unfreundlich zu ihr sind, dass das egal ist, weil sich die Leber von selbst wieder erholt. Nur verhält sie sich eher wie ein Hund. Der kann irgendwann auch einmal böse sein und beißen. Die Leber ist freundlich, so lange sie kann. Selbst wenn wir sie extrem belasten, mit Medikamenten, fettigem Essen oder viel Zucker. Irgendwann kann sie nicht mehr mithalten und denkt sich: „Wozu das alles?" Dann entstehen ernste Probleme. Lebererkrankungen treten oft Hand in Hand mit verschiedenen metabolischen Störungen wie Diabetes oder Herzerkrankungen auf. Viele Erwachsene haben heutzutage Zeichen einer Fettleber, also einer Ansammlung von Fett in der Leber. Die Leber ist dann schwächer und funktioniert nicht mehr ideal. Jetzt stellt sich die Frage: Warum sammelt sich Fett gerade in der Leber an? Antwort: Weil die Leber dafür zuständig ist, schädliche Substanzen – in erster Linie fettlösliche Substanzen – zu entfernen.

In der Chemie unterscheiden wir zwischen wasserlöslichen und fettlöslichen Substanzen. Diese Eigenschaft, dass eben manche Stoffe im Fett und andere im Wasser gelöst werden können, entscheidet über die Zukunft gewisser Moleküle. Sie werden an unterschiedlichen Orten in die Zelle gepackt, schwimmen an anderen Stellen im molekularen Mischmasch und werden anders durch den Körper transportiert.

So funktioniert das Filtersystem im Körper

Die Leber entgiftet in erster Linie fettlösliche Moleküle, die via Darm ausgeschieden werden – durch den Stuhlgang. Die wasserlöslichen Stoffe werden meistens über die Nieren ausgeschieden. Diese haben vor allem die Funktion der Blutfiltration. Sie kümmern sich darum, dass Moleküle, die von anderen Organen ausgeschüttet oder über die Nahrung aufgenommen wurden, aus dem Blut gewaschen werden. Damit sie nicht irgendwann Schaden anrichten oder der Transport in den Gefäßen lahmgelegt wird.

Demnach ist die Leber das zentrale Organ des Stoffwechsels. Sie kümmert sich nicht nur um die Lipide (griechisch *lipos* heißt Fett), sie baut auch zu einem gewissen Anteil

Kohlenhydrate und Proteine ab. Und sie zählt zu den ersten Verteidigungslinien in unserem Körper. Wird Nahrung aufgenommen, landet sie zuerst im Verdauungstrakt, dort übernehmen die Immunzellen die Kontrolle. Sie schauen sich an, ob irgendetwas richtig Gefährliches dabei ist, das sofort wieder raus muss, bevor es großen Schaden anrichtet. Was als gut befunden wird, wird aus der Nahrung aufgenommen. Dabei schummeln sich auch verschiedene Moleküle oder Stoffe in den Körper hinein, die nicht unbedingt bekömmlich für uns sind.

Das Blut, das aus unserem Verdauungstrakt herauskommt, ist angereichert mit Nährstoffen. Dieses Blut fließt zuerst in die Leber. Das gehört noch zum sogenannten *First Pass*, also dem ersten Durchgang, in dem kontrolliert wird, was alles bei dem frischen Material dabei ist. Gibt es irgendwas besonders Giftiges? Etwas, das sich wie ein blinder Passagier hineingeschummelt hat? Wenn so etwas vorhanden ist, muss die Leber sofort reagieren und diese Stoffe entsorgen. Bevor sie das Herz, die Lunge oder gar das Gehirn erreichen und dort ihr Unwesen treiben.

In der Leber gibt es sogenannte Kupffer-Zellen, auch Browicz-Kupffer-Zellen genannt – nach den Entdeckern Karl Wilhelm von Kupffer und Tadeusz Browicz. Es handelt sich dabei um eine Form von Immunzellen, die Makrophagen, also großen Fresszellen, ähneln und in unserem Körper dafür zuständig sind, Eindringlinge oder nicht gut funktionierende Zellen einfach zu fressen, sprich abzubauen. Sie mampfen sie weg wie ein Pacman.

Diese Kupffer-Zellen in der Leber schauen etwas anders aus als die normalen Makrophagen-Zellen und befinden sich in der Leber ganz nahe an den Blutgefäßen. Und sie sind dafür zuständig, immer zu schreien, wenn etwas daherkommt, was schädlich sein könnte. 30 % aller Zellen in der Leber sind Kupffer-Zellen. Das zeigt, wie wichtig ihre Rolle ist. Sie sind die Polizei oder die Wachhunde, die in der Leber auf uns aufpassen.

Von der Leberverfettung bis zur Leberzirrhose

Wenn wir unsere Leber zu sehr belasten – durch Zucker, Alkohol oder mangelnde Aktivität –, wird ihre Funktion geschwächt. Sie tendiert dazu, die Stoffe, die reinkommen, nicht mehr gut erkennen zu können. Auch jene Stoffe, die Schaden anrichten. Ist die Leber überlastet und muss zu viel arbeiten, kommt sie mit der Bearbeitung aller giftigen oder unnötigen Stoffe im Blut nicht mehr nach. Dieser Sondermüll sammelt sich an, und es kommt zu einer Verfettung der Leber. Das lässt sich unter dem Mikroskop wunderbar betrachten.

Dieses Organ hat normalerweise eine knallrote bis braune Farbe. Bei einer Leberverfettung sind unter dem Mikroskop kleine weiße Pünktchen darauf zu sehen. Das ist das Fett. Die Leber verändert ihre Farbe, wird blasser. Das Fett, das sich angesammelt hat, macht es ihr deutlich schwerer, ihre Arbeit zu verrichten, nämlich die Stoffe zu entgiften, zu verstoffwechseln, wie das so schön heißt, bevor sie auf die Reise in den Körper geschickt werden.

Etwa 30–40 % aller Menschen bekommen im Laufe ihres Lebens eine Fettleber. Richtig gute pharmazeutische Lösungen für die Behandlung der Leber gibt es noch nicht.

Oft lässt man sie einfach ruhen und hofft darauf, dass sie es schon schaffen wird, weil die Leber sich eben von selbst regenerieren kann. Das Hauptproblem, warum es zu einer Fettleber kommt, ist der Lebensstil. Man würde vielleicht erwarten, dass nur Alkoholiker Leberprobleme bekommen, weil Alkohol auf die Leber geht. Doch in letzter Zeit kommt es bei immer mehr Menschen, die kaum Alkohol trinken, zu einer Leberverfettung, das ist die sogenannte *Non-alcoholic fatty liver disease*, kurz NAFLD.

Eine Fettleber ist das erste Stadium einer Lebererkrankung. Ist die Leber zu lange verfettet, verliert sie ihre Elastizität. Wenn sie stetig unter Stress steht, wird sie mit der Zeit steif. Ein Gewebe, das dem Narbengewebe sehr ähnlich ist, wird dann ausgebildet. Zu diesem Fett sammeln sich Protein-Moleküle an, und im zweiten Stadium der Erkrankung kommt es zu einer Fibrose, die Leber wird relativ hart.

Der Arzt untersucht das durch Abtasten der Organe und kann durch den Gegendruck erahnen, wie weit eine Erkrankung bereits fortgeschritten ist. Ist die Leber noch weich oder schon steinhart? Na dann.

Richtig ernst wird es im dritten Stadium. Das ist die Entwicklung zur Leberzirrhose. Da ist die Leber durch Narben und Fett so stark entzündet, dass es zur Ausbildung von Krebszellen kommen kann. Und weil die Leber gut durchblutet ist, können diese Krebszellen mit hinausgeschwemmt werden. Dann können sie sich irgendwo im Körper festsetzen, und die Patienten haben ein richtig großes Problem.

Alles beginnt relativ harmlos. Es ist ein bisschen Fett in der Leber, aber wenn dem nicht entgegenwirkt wird, beziehungsweise man sich nicht darum kümmert, kann das böse enden. Jeder nächste Schritt ist ein Schritt hin zu einer ernsten Erkrankung. 10–29 %, also ein Zehntel bis zu einem Drittel der Patienten, bei denen Steatohepatitis, eine Verfettung der Leber, diagnostiziert wird, entwickeln innerhalb der nächsten zehn Jahre eine Zirrhose. Das ist ein bedeutender Anteil. Von zehn Personen in unserer Gesellschaft werden zwischen einer und drei früher oder später Probleme mit ihrer Leber bekommen. Ist so, leider.

Wie können wir unsere Leber gesund erhalten?

Die Antwort ist keine große Überraschung: Bewegung hilft, Ernährung hilft. Wer sein Gewicht reduziert, sagt der Leber: „Du, ich schau auf dich. Ich pass auf."

In einer Studie aus dem Jahr 2020 zeigten Wissenschaftler, dass eine Reduktion der Körpermasse, also des Gewichts, um 10 % bereits viel ausmacht. Wenn eine Person, die 80 Kilogramm schwer ist, acht Kilogramm abnimmt und es auf 72 Kilogramm runterschafft, tut sie auch ihrer Leber etwas Gutes. Der BMI, der Body Mass Index, wird reduziert. Bei 90 % der Patienten konnte die Versteifung der Leber sogar rückwirkend gemacht werden. Dieser steife Zustand ging von selbst zurück, die Leber wurde wieder elastischer – allein durch das Abnehmen.

Ein anderes Ergebnis dieser Studie war weniger aufmunternd. Es zeigte sich, dass es nur 50 % der Patienten schafften, 10 % ihres Körpergewichts zu verlieren; jeder zweite gab auf und ging in die Kantine. Was brauchen wir zum Abnehmen? Regelmäßiges Training und regelmäßiges gesundes Essen. Es hilft nicht, drei Wochen lang Gemüse und Suppen zu essen und alle fünf Tage ins Fitnesscenter zu rennen, um dann nach der dritten oder vierten Woche wieder den Würstelstand leer zu räumen. Es ist wichtig, den Lebensstil zu ändern, damit die Ursache behandelt wird. Einige Studien setzten sich mit diesem Problem auseinander.

Für Lebererkrankungen gibt es Medikamente. Sie wurden eher für die späten Phasen der Krankheit entwickelt. Bisher galt für die frühen Phasen meist der Ratschlag: Ändern Sie Ihren Lebensstil! Wenn das ein Arzt sagt, der 110 Kilo wiegt und Marlboro raucht, klingt das wie ein Witz. Ändern Sie Ihren Lebensstil, genau. Es ist nicht einfach, klar, aber in relativ kurzer Zeit kann man große Fortschritte machen.

Es gab eine große Metaanalyse, welche die Ergebnisse mehrerer Studien zusammenfasste, die zwischen 2011 und 2016 veröffentlicht worden waren. Da haben sich die Wissenschaftler zusammengesetzt, alle Daten zusammengetragen und angeschaut: „Okay, was haben wir von dieser Patientengruppe gelernt, und welche Schlüsse können wir daraus ziehen, wenn wir die Ergebnisse der einen Studie den anderen gegenüberstellen?“ Und was haben sie entdeckt?

Acht Wochen Bewegung reduzieren das Leberfett um 30 %

Aus den Studien filterten sie heraus, dass acht Wochen Bewegung oder leichter bis moderater Sport ausreichen, um den Fettgehalt der Leber um 30 % zu reduzieren. Acht Wochen sind zwei Monate. Schon nach zwei Monaten können wir die ersten Ergebnisse erwarten.

Kombinieren wir körperliche Bewegung oder moderaten Sport mit richtiger Ernährung, wird dieser Effekt auf 49,8 %, also knapp 50 %, erhöht. Sprich: In zwei Monaten kann die Verfettung der Leber halbiert werden.

Auch wer nach acht Wochen das größte Problem geschafft hat, sollte jetzt nicht aufhören, sondern weitermachen.

Gesund und fit bleiben.

Wenn wir jetzt zusammenzählen: 10 % Gewichtsverlust führen von der steifen Leber zu einer weichen Leber, die nur verfettet ist. Und dann geben wir noch acht Wochen Training dazu und verlieren weitere 30 %– und mit gesunder Ernährung vielleicht sogar 50 % – der Fettanlagen in der Leber. Und wenn wir es richtig machen, schaffen wir es vom zweiten Stadium der Erkrankung sogar zu einer gesunden Leber.

Wir müssen uns nur daran halten und das als neuen Lebensstil sehen. Das Leber-Leben.

Joggen ist für die Leber besser als Krafttraining

In diesen Studien wird kein großer Unterschied gemacht, welcher Sport oder welche Art körperlicher Bewegung praktiziert wird. Meistens spricht man nur von leichten, moderaten oder anstrengenden Aktivitäten.

Nur in einer Studie wurde Krafttraining mit aerober Bewegung verglichen. Die Leber profitierte am meisten von leichter Intensität und weniger Belastung des Körpers durch aerobes Training. Das heißt, statt 200 Kilo zu stemmen, genügt leichtes Training. *Take it easy.*

Dreimal pro Woche eine Dreiviertelstunde moderates Training. Vielleicht Rudern oder ein schnelleres Gehen,

Joggen, Pilates, Yoga oder ähnliche Sportarten. Alle diese Bewegungsformen, die mit relativ geringer Intensität arbeiten, haben große Effekte. Und sogar bessere Auswirkungen auf die Leber als hartes Krafttraining.

Leberprobleme entstehen hauptsächlich bei Menschen, die bereits Diabetes entwickeln. Aus einem einfachen Grund: Wenn wir zu viel Zucker aufnehmen, weiß unser Körper nicht mehr, wie er ihn verwenden soll.

Ein Beispiel: Jemand geht vier- oder fünfmal in der Woche ins Fitnesscenter trainieren. Dafür wirft er sich jeden Tag zwei Snickers rein. Der Körper wird immer gestresst. Einmal gibt es Zucker, einmal nicht. Er braucht manchmal sehr viel Zucker und dann gar keinen. Dadurch wird der Körper so stark gefordert, dass er mit der Zeit eine Insulinresistenz entwickelt. Die Muskeln können aus Glukose nicht mehr oder nicht mehr effizient Glykogen herstellen.

Was die Muskeln dann machen, weil sie keine komplexen Zuckerreserven bilden können: Sie entscheiden sich, den überflüssigen Zucker in Fett umzuwandeln. Also geht der Zucker statt in die Speicher in die Fettzellen.

Irgendwann sind dann aber auch die Fettzellen voll. Und was passiert dann? Das Fett, diese freien Fettsäuren werden in die Leber transportiert und dort angelagert. Fett in der Leber ist schlecht, wissen wir. Und dass gerade aerobes Training, Ausdauer-Training, in der Leber die Anlagerung von Fett deutlich reduziert und sogar den Abbau dieses Fettes fördert – sowohl in den Fettzellen als auch in der Leber –, das wissen wir auch. Das ist eine gute Nachricht, weil das bedeutet, selbst wenn der Stoffwechsel schon gestört ist und es zu einer gewissen Insulinresistenz gekommen ist, beispielsweise bei diabetischen Patienten, hilft gerade aerobes Ausdauertraining. Nicht nur um Kalorien zu verbrennen, sondern ebenso um sowohl die Fett- als auch die Leberzellen zu motivieren, Fett abzubauen. Das ist ein synergistischer Effekt. Alles spielt zusammen.

Das passiert, wenn wir uns nicht bewegen

Nehmen wir einmal an, wir gehen nicht trainieren, sondern bleiben zu Hause sitzen, weil auf Netflix gerade die zweite Staffel von *Squid Game* anläuft, und die müssen wir unbedingt streamen. Dann passiert Folgendes: In die Leberzelle kommen freie Fettsäuren hinein. Und diese freien Fettsäuren werden die Leber verstopfen. Die Leber entscheidet sich dafür, sie abzubauen, weil ohnehin kein Platz mehr im Fettgewebe ist. Gebraucht wird das Material auch nicht, weil schon genug da ist. Also wird alles in kleine Bausteine zersetzt, um es aus dem Körper rauszukriegen. Dann legen die Mitochondrien los. In unseren Leberzellen wird angefangen, diese Fettsäuren, die aus Zucker entstanden sind, abzubauen. Wenn die Mitochondrien immer mehr und mehr und mehr zu bearbeiten bekommen, sind sie gestresst. Sie fangen mit der freien Fettsäure Nummer eins zu arbeiten an, und es kommt schon die sechste dazu.

Wie im Supermarkt. Wenn eine Person an der Kassa steht, arbeitet die Kassiererin langsam. Sie redet mit dem Kunden, fragt ihn vielleicht, wie es ihm geht, was er mit der erstandenen Ware kochen wird. Die Kassiererin bekommt zehn Punkte für das Kundenerlebnis. Dann kommen noch sieben Leute dazu. Und viele Kunden in der Schlange an der Kassa bedeuten unruhige Kunden. Einer hat nur 30 Minuten Mittagspause, ein anderer ruft bereits: „Zweite Kassa aufmachen!" Die Kassiererin ist auf einmal unrund und wird unwirsch. Dann schrumpft das Kundenerlebnis auf vier von zehn möglichen Punkten.

Ähnlich verhält es sich mit den Mitochondrien, wenn sie überlastet werden. Wenn sie nicht mehr wissen, wo vorne und hinten ist. Weil sie die ganze Zeit nur arbeiten und gestresst sind, machen sie ihre Arbeit nicht wirklich gut. Aus Gram bilden sie freie Radikale. Sauerstoff aus den Mitochondrien, normalerweise als Energiequelle verwendet, wird in schädlichen Sauerstoff umgewandelt. Das führt dazu, dass weitere Schäden in der Zelle entstehen. Das gesamte Organ, die Leber, leidet.

Die Wissenschaft sagt: „Willst du das behandeln und deinen Mitochondrien in der Leber helfen? Dann geh ins Fitnesscenter." Zwölf Wochen Training führen dazu, dass die freien Radikale in der Leber, auch die freien Radikale, die aus der Leber in die Blutbahn freigelassen werden, um 30–60 % reduziert werden.

Der 90-Tage-Plan zur Rettung der Leber

Drei Monate. Das heißt, mit drei Monaten können wir nicht nur unserer eigenen Leber helfen, sondern auch allen anderen Organen, die das Blut auf diese Art aus der Leber bekommen haben. Das ist das Spannende daran! Diese Effekte sind nur leider noch nicht nach einem oder zwei Tagen da, sondern erst nach zwei bis drei Monaten. Aber ein Vierteljahr bis ein halbes Jahr sollte bei Patienten, bei denen schon einige Wehwehchen da sind, deutliche Unterschiede ausmachen und die Funktion der Organe verbessern. Es gilt, den Organen ein bisschen Zeit zu geben, sich zu regenerieren. Aber dann haben wir diese schädlichen freien Radikale aus der Leber entfernt und aus der Blutbahn verbannt. Zumindest haben wir sie reduziert.

Die Verfettung der Leber kommt davon, dass wir viel mehr Energie in unseren Körper aufnehmen, als wir brauchen. Und vor allem nehmen wir allzu oft die falsche Form von Energie auf: den einfachen Zucker, also Glukose und Fruktose aus bearbeiteten Lebensmitteln. Der geht direkt ins Fettgewebe, dann in die Leber und die wird fett wie Grammelschmalz beim Heurigen.

Ein von der Europäischen Gesellschaft der Gastroenterologen 2020 veröffentlichter Bericht besagt, dass drei Viertel aller Menschen, die übergewichtig sind, eine Fettleber haben. Sechs von zehn Männern sind übergewichtig, und von diesen sechs haben schon fast fünf eine Fettleber. Das ist ein Wahnsinn. Und was können wir dagegen tun? Grundsätzlich uns gut ernähren. Eine mediterrane Diät. Auf Zucker verzichten. Weniger Kalorien einnehmen. Das schafft man auch, wenn man mehr Proteine zu sich nimmt, wodurch die Verbrennung im Körper etwas erhöht wird. Und vor allem den Alkohol reduzieren. Das sind die Dinge, die der Leber guttun. Das können wir alles angehen und hoffen, dass es irgendwie klappt. Aber ohne Bewegung wird es nichts werden. Ohne Bewegung sind alle Anstrengungen für die Wurscht.

Die Lösung ist einfach: spazieren gehen. Vielleicht mit dem Laufen anfangen. Regelmäßig. Einfach aktiv bewegen.

Noch einfacher wäre eine Pille für Muskeln und eine Pille für alles. Die gibt es aber, wie wir wissen, nicht. Wir müssen auf das zugreifen, was wir haben: unseren Körper.

Die Nieren: Entgiften, aber flüssig!

Die Nieren kümmern sich um die wasserlöslichen Moleküle. Sie können gut Stoffe filtrieren. Das Gewebe der Nieren ist schwammig, außen sitzt die Nierenrinde, drinnen ist das Nierenmark. Dieses besteht aus zehn bis zwölf Markpyramiden – die Dinger haben wirklich die Form von Pyramiden. Das Gewebe ist wasserdurchlässig und funktioniert wie ein Filter, ein Katalysator.

Wenn Blut durch die Nieren fließt, wird getrennt, was im Körper bleibt und was ausgeschieden werden soll. Unsere Körperfunktionen haben wir bislang in einem Optimum beschrieben. Der Körper braucht eine ideale Temperatur, der Säuren-Basen-Gehalt muss passen – damit alles schön abgepuffert ist. Für den pH-Wert braucht es die richtige Zusammensetzung aus Mineralien. Nicht zuletzt muss auch der Zuckergehalt des Blutes stimmen. Wie funktionieren beispielsweise isotonische Getränke? Ausdauersportler trinken sie, Marathonläufer an jeder Labstation. Der Zuckergehalt in diesen Getränken ist so hoch wie im Blut. Deswegen kann die Flüssigkeit schnell absorbiert werden. Der Körper braucht kein zusätzliches Wasser, um den Zucker zu lösen. Das ist weniger aufwendig für den Körper, weshalb es schneller filtriert wird. Bei einem Marathon, etwa bei Kilometer 36, ist jeder Läufer heilfroh, wenn er diese Drinks in sich hineinschütten kann, um schnell Energie zu tanken.

Die Nieren regulieren die Flüssigkeitszugabe, die notwendig ist, um verschiedene Stoffe aufzunehmen, Nahrung oder etwas zu trinken. Wenn wir unseren Körper zu sehr stressen und es zu hohe Spitzen gibt, geht das auf die Nieren. Sie müssen alles kompensieren. Und sie sind auch nicht auf Zack, sondern brauchen für diese Abläufe Zeit.

Die Nieren fangen alles aus dem Blut ab, was nicht notwendig ist, und nehmen die Stoffe heraus, die zu viel sind. Dafür werfen sie ein bisschen Salz und Mineralien in das Blut hinein.

Eine Waschmaschine oder ein Geschirrspüler hat Auffangkörbchen, einen Filter, der die groben Materialien abfängt. Und die gehören ab und zu gereinigt. Bei den Nieren ist das genauso. Nur können wir sie nicht rausnehmen, unter den Wasserhahn halten, auswaschen und wieder hineinstecken. Wir müssen ihnen Zeit geben, sich selbst wieder auszuwaschen. Wie funktioniert das?

Die Stoffe, die der Körper nicht braucht, werden aus dem Blut getrennt. Die kommen dann sozusagen in einen Behälter, in dem Urin gesammelt wird. Und mit dem Urin wird der ganze Müll entsorgt und ausgeschieden. So bleiben die Nieren schön sauber. Dass die Nieren vom Sport, von der Bewegung profitieren, wäre der logische Schluss, wenn wir zu den vorherigen Kapiteln zurückblättern. Bewiesen hat es eine Studie aus dem Jahre 2020.

In vier Wochen regenerieren sich die Nieren

In einer Metastudie haben sich die Wissenschaftler alle Studien zu den Effekten von körperlicher Bewegung auf die Nieren angesehen, die bis zum 16. August 2019 veröffentlich wurden. Sie haben insgesamt 18 klinische Studien analysiert, in denen die Werte von mehr als 800 Patienten inkludiert waren. Der Sukkus: Schon nach vier Wochen führte körperliche Aktivität bei den Patienten zu Verbesserungen des Herz-Kreislauf-Systems. Auch bei Nierenpatienten führte sie zu einer gesundheitlichen Verbesserung.

Vier Wochen Bewegung, und die ersten positiven Effekte auf Nieren und für den Herz-Kreislauf waren da.

Allerdings kam es bei diesem leichten bis moderaten Training nicht zu einer Steigerung der Muskelkraft. Das bedeutet, dass es nicht unbedingt notwendig ist, die Muskeln aufzupumpen, die Effekte für den Körper kommen durch leichte Bewegung. Eine Erkenntnis, die zeigt, dass das Training oft komplett falsch ausgerichtet ist, da dieser Fortschritt gern vernachlässigt wird. Wie geht es mir wirklich? Funktioniert mein Körper? Bei der Funktion des Körpers geht es nicht nur um die Muskelkraft, die Bewegung der Gelenke, sondern um die Funktion des Gesamtsystems.

In einer anderen Studie wollten die Wissenschaftler herausfinden, wie lange diese Effekte anhalten. Dafür mussten Nierenpatienten zwölf Wochen lang moderat trainieren – dreimal in der Woche 45 Minuten lang spazieren gehen. Zügiges Walken. Und das nach einer restaurativen Behandlung der Nieren, weil die Patienten auf Dialyse waren. Danach ging es ihnen merklich besser.

Die positiven Langzeitwirkungen

Die Wissenschaftler wollten aber wissen, wie lange dieser Effekt anhält, und testeten die Patienten monatlich. 50 %, also die Hälfte der Probanden, hatten bis zum 34. Monat keine weiteren Komplikationen mit den Nieren. Fast drei Jahre lang wirkte dieser Effekt durch die Bewegung über zwölf Wochen nach. Faszinierend!

Das bedeutet auch: Wenn einmal etwas im Tagesplan oder im Trainingsplan dazwischenkommt, ist das noch verkraftbar. Weil der Effekt vom vorherigen Training oder Spazierengehen noch da ist. Und jetzt denken wir weiter: Was, wenn wir die 45 Minuten zügiges Spazierengehen nicht nur zwölf Wochen lang machen, sondern in den Wochenplan integrieren?

Aber wir Menschen sind Weltmeister im Verwerfen unserer Vorsätze. Wir brauchen uns nur anzuschauen, wie viele am 2. Jänner in eine Trafik gehen und sich ein Packerl Zigaretten kaufen. Oder wenn sie sich im Fitnesscenter anmelden und gleich das große Paket nehmen. Nach zwei Monaten erscheint ihnen dann die Couch daheim gemütlicher. Sie kommen nie wieder.

Daher lieber kleine Ziele setzen. Sagen wir uns: Okay, jetzt geh ich drei Monate lang dreimal in der Woche trainieren. Das sind zwölf Wochen, insgesamt 36 Trainingseinheiten. Das sollte machbar sein. Dann schauen wir weiter. Ist dieses Ziel erreicht, sollten wir uns dafür belohnen. Ein Kalbschnitzel essen oder in die Oper gehen. Und wenn wir uns danach gut fühlen – also nicht nach dem Belohnungsessen oder der Belohnungsoper, sondern nach den drei Monaten

Training –, können und werden wir damit weitermachen.

Kontinuität ist der Schlüssel zum Erfolg. Automatisiertes Tun.

Und was passiert beim Training in den Nieren?

Wenn wir trainieren, funktioniert unser Blutfluss durch den Körper anders. Die Lunge absorbiert Sauerstoff, das Herz pumpt, damit möglichst viel von diesem sauerstoffreichen Blut in die Muskeln gelangt und wir uns gut bewegen können. Andere Organe bekommen etwas weniger Blut. So kann es passieren, dass beispielsweise im Verdauungstrakt weniger Blut ankommt. Wenn wir gerade vor einem Tiger davonrennen, soll nicht verdaut werden. Der Körper schickt das Blut dorthin, wo es am meisten gebraucht wird. Und das sind in dem Augenblick alle Organe, die eine schnelle Flucht ermöglichen, auch wenn wir nur auf dem Laufband im Fitnesscenter dahintraben.

Deshalb bekommen die Nieren weniger Blut. Bei einer anstrengenden körperlichen Tätigkeit kommt in den Nieren bis zu 25 % weniger Blut an. Sprich, sie funktionieren nicht mehr so optimal. Die Filtration ist nicht mehr so gut; gewisse Mineralien werden aus dem Körper geschwemmt. Das Gleichgewicht in den Nieren ist dadurch verschoben. Beim und nach dem Training werden gewisse Stoffe nicht nur rausgeschwitzt, sondern auch ausgeschieden. Nach einem Training lassen sich erhöhte Proteinwerte im Urin feststellen, das ist normal. Der Urin wird salziger, weil Mineralien damit ausgeschwemmt werden. Und daher sollten dem Körper – den Nieren – nach dem Training diese

Stoffe wieder zugeführt werden. Salz, Kalzium, Phosphor oder Fluor zählen zu den wichtigsten Stoffen, welche die Nieren bestellen, wenn sie an der Bar stehen und einen Cocktail ordern.

Nierenprobleme entstehen vorwiegend bei metabolischen Dysbalancen, wenn der Körper nicht mehr richtig verstoffwechseln kann. Zum Beispiel bei Patienten, die Diabetes haben oder keine Insulinresistenz. Bei ihnen erhöht sich die Chance, dass sie irgendwann größere Probleme bekommen.

Es gibt auch andere Ursachen, die den Nieren Schaden zufügen können. Alkohol beispielsweise. Der schmeckt unseren Nieren nicht. Außerdem Schadstoffe wie Pestizide oder natürliche Toxine von Pilzen, die wir über das Wasser, das wir trinken, oder die Nahrung aufnehmen. Trinken wir zu wenig Wasser, ist das für die Nieren extrem schädlich. Wenn wir dehydriert sind, leiden sie sehr darunter. Sie haben nicht das Mittel, das sie für ihre Arbeit brauchen – Wasser eben, um die Konzentration dieser schädlichen Stoffe zu reduzieren. Urin ist Wasser plus alle schädlichen Stoffe, die darin gelöst sind. Und wenn wenig Wasser da ist, ist die Konzentration dieser Giftstoffe höher und schadet dem gesamten Körper.

Auch Medikamente können die Nieren angreifen. Und sogar gewisse Vitamine und Multivitaminpräparate, die wir als Kapseln zu uns nehmen, da die meisten Vitamine über den Urin ausgeschieden werden.

Vorsicht mit künstlich gesüßten Drinks

Wenn wir eine Limonade kaufen, auf der draufsteht, dass künstliche Süßstoffe drin sind, ist das in 80 % der Fälle

Aspartam, ein künstlicher Süßstoff, der süß wie Zucker schmeckt, vom Körper allerdings nicht gut verarbeitet werden kann. Dieses Süßungsmittel ist in Cola Zero, Pepsi, Fanta, Sprite – wie auch immer sie alle heißen – drinnen. Abgesehen davon, dass es ein krebserregender Stoff ist, wird durch Aspartam die Filtrationsrate in den Nieren signifikant reduziert. Es verstopft die Nieren, sie können Toxine nicht mehr so gut herausfiltern. Das ist wie ein verstopfter Filter im Geschirrspüler: Das schmutzige Wasser setzt sich im Geschirrspüler ab, es muffelt.

In den Nieren bleibt das kontaminierte Blut, es bleibt im Körper, wird nicht ausgeschieden. Wenn man jeden Tag solche Drinks konsumiert, sind nach einem Jahr die Nieren verstopft.

Aspartam wird schon lange in der Lebensmittelindustrie verwendet, auch wenn es keine ideale Alternative zu Zucker ist. Eigentlich wäre es grundsätzlich besser, sowieso auf gesüßte Getränke zu verzichten.

Auch zu viel Sitzen schädigt die Nieren. Dazu gab es eine Studie mit 400 Probanden. In dieser Untersuchung fanden die Wissenschaftler heraus, dass Sitzen oder Arbeiten und Leben im Sitzen damit korreliert, wie hoch die Wahrscheinlichkeit ist, dass jemand Nierenprobleme entwickelt. Diese Studie zeigte, dass Frauen, die viel sitzen, davon eher betroffen sind.

Das Erschreckende daran: Drei Stunden am Tag zu sitzen, erhöht die Wahrscheinlichkeit von Nierenerkrankungen. Drei Stunden sind schnell beisammen. Ein Taxifahrer sitzt den ganzen Tag oder die Nacht über. Menschen, die einen Bürojob haben, sitzen gut acht Stunden. Sogar eine

Frisörin, eine Kellnerin oder ein Briefträger werden nicht den ganzen Tag lang stehen. Gibt es überhaupt noch Menschen, die keine drei Stunden am Tag sitzen?

Weniger als drei Stunden am Tag zu sitzen, reduziert die Wahrscheinlichkeit einer Nierenerkrankung um 30 %. Wie kommen wir unter diese drei Stunden am Tag? Das ist in der heutigen Gesellschaft schwer möglich. Männer haben hier noch ein bisschen Glück. Die Wahrscheinlichkeit, dass sie durch das Sitzen Nierenbeschwerden bekommen, liegt bei 15 %, womit sie nur halb so gefährdet sind wie Frauen.

Wenn wir uns bewegen, geht es den Nieren deutlich besser. Wenn wir sitzen, verändert sich der Blutfluss im Körper. Bei dieser physiologischen Veränderung wird in unserem Körper ein Hormon ausgeschüttet: Angiotensin, ein gefäßverengendes Hormon.

Wie sich nebenbei Fett an Hüfte und Bauch ansammelt

Die Verengung der Blutgefäße führt dazu, dass der Blutdruck steigt. Das passiert, weil wir statisch leben und der Körper trotzdem mit Blut versorgt werden muss. Bei dieser Steigerung des Blutdrucks wird mehr Druck auf die Nieren erzeugt. Das Blut gerät nicht mehr mit normalem Druck in die Nieren, sondern mit leichtem Überdruck. Dieser Filter wird somit mehr belastet, und es kann leichter zu Schäden kommen. Angiotensin sorgt dafür, dass das Fett in den Fettzellen besser gespeichert wird. Es sammelt sich mehr und mehr Fett an der Hüfte und am Bauch an.

Beim Sitzen wachsen wir in die Breite.

Nicht zuletzt deshalb sollten wir alle 20, 30 Minuten einmal aufstehen und uns bewegen, damit unsere Nieren ein wenig entlastet werden.

Ein weiterer Punkt, der die Nieren angeht, ist ganz profan. Wenn unser Körper signalisiert: „Jetzt müssen wir auf die Toilette gehen" und wir das ignorieren, bringen wir unseren Nieren und unserem Gehirn bei, dass dieses Signal nicht richtig ist. Die Nieren verlernen damit zu spüren, wann der richtige Zeitpunkt gekommen ist, um das WC aufzusuchen. „Ich will nicht auf die Toilette, ich halte es noch 20 Minuten aus."

In weiterer Folge führt das dazu, dass unsere Harnblase, wenn wir fertig sind, nur fast leer ist. Nach dem Harnlassen bleibt ein bisschen Urin drinnen. Dieses Brennen bleibt, die gesamten Giftstoffe, die drinnen sind, bleiben in der Blase. Das erleichtert Infektionen und Entzündungen der Harnblase. Auf der anderen Seite wird die Filtrationsfähigkeit der Nieren gesenkt. Die Nieren können normalerweise spüren, wie viel Platz in der Blase ist, wie viel Harn sie noch produzieren können. Das ist ähnlich wie bei einer Tasse Tee. Wir nehmen eine Tasse, geben einen Teebeutel hinein und gießen heißes Wasser drauf. Anfangs gießen wir das Wasser schnell ein – in der Tasse ist noch jede Menge Platz –, wird sie langsam voll, werden wir nur mehr langsam etwas Wasser dazugeben, weil wir ja nicht wollen, dass sie übergeht. Bei den Nieren ist es ähnlich. Ist die Blase schon fast voll, sagen sie sich: „Oh, wir sind knapp am Rand. Na, ein bissl was geht aber noch." Dann filtern sie langsamer, und es wird nicht mehr so viel ausgeschieden. Es bleibt mehr in unserem Körper zurück. Deshalb: Trinken, trinken,

trinken! Und wenn der Weckruf von unten kommt, dann nicht warten, sondern bitte auf die Toilette gehen.

Die Nieren wachen am Morgen früher auf als der Kopf

Über den gesunden Schlaf haben wir zwar an anderer Stelle schon gesprochen, dieser hängt aber auch sehr von den Nieren ab. Wenn wir schlafen, erholt sich unser gesamter Körper. Alles wird regeneriert. Der Schmutz um die Zellen und in den Zellen wird gereinigt. Unser Gehirn beruhigt sich, unsere Atmung beruhigt sich, unser Herz beruhigt sich und auch die Nieren. Wenn wir aufwachen, sind wir erholt. Unsere Nieren sind aber schon munter. Sie wachen vor uns auf.

Durch den sogenannten circadianen Rhythmus, also die innere Uhr, die mit dem Tagesverlauf funktioniert. 13 % dieser Gene werden von den Nieren reguliert. Unsere Nieren bekommen von unserer inneren Uhr ein Signal, noch bevor wir munter sind, dass wir bald aufwachen werden, und dass sich die Nieren jetzt vorbereiten sollen. Was passiert, wenn der Wecker klingelt? Abgesehen davon, dass wir das Kastl am liebsten erschlagen oder die Weckzeit um zehn Minuten später einstellen würden. Unser Körper wacht auf, bevor die Nieren aufgewacht sind, und die wiederum sind beleidigt, weil sie jetzt zu spät dran sind.

Noch schlimmer ist ein kurzer Schlaf. Weniger als fünf Stunden Schlaf – über längere Zeit – können die Wahrscheinlichkeit für eine Nierenerkrankung um 79 % erhöhen.

Wenn wir uns überlegen, dass wir in einer Gesellschaft leben, in der Menschen sogar gelobt werden, weil sie nur vier Stunden am Tag schlafen und die restlichen zwanzig arbeiten, dann sollten wir uns wirklich Gedanken machen. Früher oder später haben wir vermehrt Dialysepatienten und Menschen, die eine Nierentransplantation brauchen. Und diese Menschen fragen noch nach dem Warum.

Wer einen regelmäßigen Schlaf von sechs bis acht Stunden hat, wird, wenn einmal eine kurze Nacht dazwischenkommt, merken, dass er am nächsten Tag öfter auf die Toilette gehen muss. Die Nieren sind gestresst und wollen alles loswerden, weil es ihnen nicht gut geht. Daher ist nicht nur Bewegung, ist nicht nur gesunde Ernährung, sondern auch ein gesunder Schlaf extrem wichtig für unsere Entgiftungsorgane.

Die Welt da draußen ist toxisch genug.

8. HUNGER NACH MEHR: WIE VIEL WIR ESSEN, WAS WIR WIRKLICH BRAUCHEN

Wissensdurst erzeugt Hunger.

Wie viel essen die Österreicher überhaupt? Wir Autoren sind auf eine Quelle gestoßen und konnten nicht glauben, dass Österreich so weit vorne in der Liste zu finden ist – in der Liste der Nationen, die pro Kopf am meisten Kalorien zu sich nehmen. Österreich liegt hier auf Platz Nummer zwei. Vizeweltmeister. Platz Nummer eins nehmen die USA ein.

Der Österreicher nimmt täglich durchschnittlich 3.750 Kilokalorien zu sich. Pro Tag und pro Person. Diese Zahl steht im OECD-Report und ist steht im Center for Disease Control als eine Art der Hall of Shame. Das sind unterschiedliche Quellen. Und überall rangiert Österreich auf Platz zwei. An der Spitze. Das ist Wahnsinn!

3.750 Kilokalorien pro Person und pro Tag – richtig viel. Michael Phelps, der frühere amerikanische Schwimmstar, hat angeblich 4.500 Kilokalorien zu sich genommen, als er noch aktiv trainiert hat. Er kraulte täglich fünf Stunden im Schwimmbecken. Ein normaler Mensch, der im Büro sitzt, braucht diese Menge nicht. Wie werden diese Zahlen ermittelt? Auch das haben wir uns angesehen. 3.750 Kilokalorien pro Tag pro Person ist das Unmaß, das an Essen konsumiert wird. Nicht unbedingt die Menge, die jeder tatsächlich zu sich nimmt. Laut Statistik werfen wir in Österreich 15–20 % unseres Essens weg.

Wir kaufen es ein, dann liegt es im Kühlschrank, wir gehen vielleicht einmal auswärts essen, und ein paar Tage später essen wir es nicht mehr. De facto kommen wir auf rund 3.000 Kilokalorien, die ein durchschnittlicher Österreicher täglich mampft oder trinkt. Immer noch abartig viel.

Wer den ganzen Tag sitzt und sich nicht bewegt, benötigt 2.100 bis 2.200 Kilokalorien pro Tag. Wer Sport macht, braucht ein bisschen mehr. Aber Hand aufs Herz: Nicht jeder durchschnittliche Österreicher betreibt täglich Sport. Sogar mit einem moderaten Training liegen wir 500 oder 600 Kilokalorien unter dem, was der Durchschnitt isst.

Eine Stunde Wohnung putzen verbraucht 250 Kalorien

Das heißt, wenn ein durchschnittlicher Österreicher durchschnittlich viel isst, muss er irgendeinen Sport betreiben, irgendeine Bewegung machen, um diesen Überschuss loswerden zu können.

Was können wir tun? Eine Stunde lang Wohnung putzen verbraucht 250 Kalorien. Aber täglich drei Stunden Putz-Work-out sind auch irgendwann öd. Beim Spazierengehen verbrennen wir im besten Fall 350 Kilokalorien in der Stunde. Da sind wir schon näher dran. Tanzen fällt ebenfalls in diese Kategorie. Dabei verbraucht der Körper ungefähr gleich viel wie beim Spazierengehen. Mit Laufen, Fußballspielen oder Schwimmen kommen wir in den Bereich von maximal 500 Kalorien pro Stunde. Das ist ein ordentliches Training. Das wäre dann eine Stunde am Tag für einen durchschnittlichen Österreicher, der einen relativ normalen Job macht und den ganzen Tag lang fast nur sitzt. Das wäre notwendig, damit diese Kalorien-Einnahme kompensiert werden kann.

Bei unserem Essverhalten ist es fast ein Ding der Unmöglichkeit, ohne tägliche Bewegung auszukommen. Das ist beängstigend und verdeutlicht, warum so viele Menschen Probleme mit Übergewicht haben. Unser Essverhalten entspricht nicht dem, was wir wirklich brauchen. Und um es noch schlimmer zu machen, graben wir uns selbst in das Loch hinein, indem wir auf körperliche Aktivität verzichten. Wir schaufeln uns ein Grab aus Kalorien.

60 % aller Männer und 50 % aller Frauen in Europa sind übergewichtig. 25 % der Burschen und 17 % der Mädchen. Jeder vierte elfjährige Bub ist übergewichtig. Erschreckende Zahlen.

Wir schlagen uns die Bäuche voll, essen einfach alle extrem viel. In den USA wird noch viel mehr gegessen, viel mehr weggeworfen. Die Österreicher sind am oberen Ende dabei, die Deutschen auf Platz 9, deren Durchschnitt ist nur um 2 Kilokalorien niedriger als in Österreich. Das sagt alles. Und zeigt auch, dass wir in einer völlig irregeleiteten Gesellschaft leben. Der Hunger bringt uns leise um. Ein Massenselbstmord mit Messer und Gabel, eine Pandemie nicht nur in Österreich, sondern fast überall.

Wenn wir uns mit unserem Körper beschäftigen, müssen wir auch darauf eingehen, was uns überhaupt Energie liefert. Welche Nahrung für uns gut ist, warum, und was passiert, wenn wir essen.

Kohlenhydrate, Fette und Proteine brauchen wir. Das sind die Makronährstoffe.

Beginnen wir mit den Fetten. Es gibt gesättigte und ungesättigte Fettsäuren. Von den ungesättigten kann unser Körper viele nicht selbst produzieren, deswegen sind wir davon abhängig, sie aufzunehmen. Olivenöl hat keinen hohen Anteil der hoch gepriesenen Omega-3-Fettsäuren, ist aber ein sehr gutes und gesundes Pflanzenöl. Besonders der Anteil an Ölsäure – einer Omega-9-Fettsäure – ist ein Hauptgrund für die gesundheitsfördernde Wirkung mediterraner Ernährung.

Omega-9-Fettsäuren stärken beispielsweise das Herz-Kreislauf-System und wirken normalisierend auf den Cholesterinspiegel. Auch bleibt durch die guten Fette die Flexibilität der Membranen in unseren Zellen erhalten. Omega-3-Fettsäuren sind vor allem in Leinöl, Walnüssen, Lachs oder Thunfisch enthalten. Fette können sowohl mit Wasser als auch mit Fett interagieren. Dadurch definieren sie die Kompartimente in der Zelle. Fette sind sozusagen die Türsteher.

Übrigens: Omega-3-Fettsäuren, Vitamin D und Magnesium sind wirksame Mittel, um Entzündungen auf systematischer Ebene zu reduzieren.

Proteine sind aus Aminosäuren aufgebaut. In unserem Körper gibt es 20 proteinogene Aminosäuren, die in Lebewesen als Bausteine der Proteine während der Translation, also der Synthese von Proteinen in den Zellen, verwendet werden. Daneben gibt es unzählige andere Aminosäuren, die nicht für den Aufbau der Proteine zuständig sind. Unter diesen 20 proteinogenen Aminosäuren gibt es welche, die in unserem Körper nicht synthetisiert werden können. Sie können also nicht aus anderen Stoffboten hergestellt werden, sondern müssen über die Nahrung aufgenommen werden. Gerade deswegen werden sie essenzielle Aminosäuren genannt, weil sie wichtig für das Überleben und für Funktionen der Proteine in den Zellen der Organe und des Körpers sind. Sie sind beispielsweise in Eiern, Fleisch, Fisch und Milchprodukten enthalten. Auch Nüsse, Hülsenfrüchte und Sojabohnen sind aminosäurehaltige Lebensmittel.

Kohlenhydrate sind die am meisten vorkommenden Moleküle in der Natur. Sie ähneln mechanischen Bausteinen. Die Kohlenhydrate sind jene Moleküle, die die Strukturen erhalten. Sie stellen die Mehrheit aller Moleküle in unserem Körper, in der ganzen Natur. Nehmen wir beispielsweise einen Baum. Die Äste, die Blätter, der Baumstamm – das sind hauptsächlich Kohlenhydrate. Zellulose ist ein Kohlenhydrat. Die Baumrinde besteht aus Kohlenhydraten. Mit diesen Bausteinen, diesen Molekülen kann die Natur gut gestalten. Wir können uns das wie Lego-Bausteine vorstellen. Sie lassen sich in verschieden Formen, in verschiedene Richtungen und mit verschiedenen Farben zusammenstellen.

Diese Zucker – oder Kohlenhydrate – sind reich an Energie und noch dazu schnell verfügbar. Wir unterscheiden zwischen einfachen und komplexen Kohlenhydraten. Unsere Zellen sind darauf geeicht – das ist die Wahl der Natur –, Energie aus Kohlenhydraten herzustellen. Sie haben eine gut funktionierende innere Struktur und können aneinandergekettet werden. Wie Perlen.

Die komplexen Kohlenhydrate heißen so, weil sie von mehreren ähnlichen oder gleichen Bausteinen aufgebaut sind. Das sind die sogenannten Polymere. Ein Polymer ist ein Molekül, das eine gewisse Struktur hat und an unzählige weitere Moleküle geknüpft werden kann, bis daraus eine regelmäßige Struktur entsteht.

Komplexe Zucker sind Polymere. Je nachdem, woraus diese Komplexe bestehen, werden sie leichter, schneller oder schwieriger und länger abgebaut. Die einfachen Formen von Zucker, die durch deren Abbau entstehen, dienen der Zelle als Hauptenergie. Diese Moleküle haben eine simple Struktur, sie werden Monomere genannt.

Monomere weisen eine energiehaltige Struktur auf. Ein Molekül besteht aus mehreren Atomen. Wenn diese Atome in einer fixen Struktur bleiben sollen, brauchen sie eine Verbindung, die mit Energie geladen ist. Sie brauchen eine Energie, die sie zusammenhält. Wenn diese Energie zu niedrig ist, driften sie auseinander, ist die Stärke der Energie hoch genug, bleiben sie in der molekularen Struktur erhalten. Sie kuscheln sich zusammen. Durch das Brechen dieser Kuschelbindung wird Energie freigesetzt. Diese Energie verwenden unsere Zellen dann, um arbeiten zu können.

Darf ich bitten: Der Molekular-Tango

Was machen unsere Zellen mit dem Zucker? Die Biochemie beschreibt die Glykolyse – „Glyko“ von Zucker und „Lyse“ für Zersetzen aus dem Griechischen – als den kontrollierten Prozess des Abbaus von Zucker. Es gibt eine genaue Abfolge der Schritte, gleich einem Tanz – ein molekularer Tanz.

Ein Mikro-Tango. Und am Ende sind von einem komplexen oder einem relativ großen Molekül nur noch Bausteine plus Energie vorhanden.

Was meistens übrig bleibt, nennen wir Pyruvat. Aus einem Glukosemolekül, das sechs Kohlenstoffatome hat, entstehen zwei Pyruvat-Moleküle, die jeweils drei Kohlenstoffatome haben. Was beim Sport passieren kann, wenn man zu viel trainiert. Dann schaffen es die Mitochondrien nicht mehr, alles zu bearbeiten, und wir bleiben beim Pyruvat hängen. Damit das nicht inkubiert, wird das Pyruvat in Laktat umgewandelt. Dann werden unsere Muskeln übersäuert und müde.

Okay, unser Körper ist schon sehr kompliziert. Gerade dieser Energiestoffwechsel ist ein essenzieller Prozess: Wie unser Körper Energie bekommt, diese Energie dann richtig einsetzt und umwandelt – aus der einen Form in die andere –, was das dann für Folgen hat, wie sie richtig dosiert wird. Speziell für die Bewegung, bei der Energie schnell verfügbar sein muss, benötigen wir Kohlenhydrate.

Wir haben an anderer Stelle beschrieben, wie der Körper bei der Energiegewinnung zuerst auf Glukose, dann auf Glykogen und erst danach auf die Fettreserven zugreift. Wer Fett verbrennen will, muss lange trainieren. Zehn bis fünfzehn Minuten Muskeln aufpumpen bringt wenig. Anaerobes Training ist hier ratsam. Schwimmen, laufen – jede Bewegung, bei der wir uns lange genug anstrengen, um in diesen Fettverbrennungsbereich zu kommen.

Bei einer Fettverbrennungsdiät ist es daher klug, weniger Kohlenhydrate zu essen; so kommt man schneller in diese dritte Linie, die Fettverbrennung. Die Menschen, die sich für einen Marathon vorbereiten, eichen ihren Körper darauf, dass er schneller in die Fettverbrennung geht, damit sie von Anfang an das notwendige konstante Level an Energie verfügbar haben. Personen, die aerobes Training machen – beispielsweise für Wettkämpfe –, kommen schneller in diese Fettverbrennungsphase.

Erst nach 30–40 Minuten startet die Fettverbrennung, weil der Körper nicht darauf vorbereitet ist. Wenn wir aber trainieren, können wir diese 30–40 Minuten auf etwa 20 Minuten reduzieren.

Bewegung optimiert den Prozess.

Und was ist eigentlich mit den Ballaststoffen?

Unser Körper vermag nicht alle Kohlenhydrate zu verarbeiten. Ballaststoffe sind ebenfalls Kohlenhydrate, nur ist unser Körper nicht in der Lage, sie zu zersetzen. Daher haben sie einen Putzlappen-Effekt. Sie fegen durch den Körper und putzen alles weg, weil sie große, komplexe Moleküle sind, an denen alles hängen bleibt.

Wenn in Frauenmagazinen von Kohlenhydraten geschrieben wird, sind meistens nur Kohlenhydrate mit einfachen Strukturen gemeint, also Glukose oder Fructose. Monomere Strukturen, die einfach und schnell vom Körper in Energie umgewandelt werden können. Spricht man von einer Reduktion der Kohlenhydrate, dann natürlich von allen, aber in erster Linie von diesen einfachen Zuckern.

Vorstellen können wir uns das so: Nimmt der Körper komplexe Kohlenhydrate auf, bekommt er Lego-Bausteine in verschiedenen Farben. Er möchte jetzt beispielsweise nur die roten haben. Um an sie heranzukommen, muss er alle Bausteine erst aufteilen, die gelben links, die blauen in die Mitte und die roten ganz rechts. Mit den einfachen Zuckern bekommt er einen Klumpen rote Bausteine. Sie können so schnell in Energie umgewandelt werden, dass sich die Zellen kaum Mühe geben müssen. Was macht der Körper? Er überlegt sich: „Hey, jetzt habe ich eine große Menge roter Bausteine bekommen. Die brauche ich immer wieder. Momentan brauche ich aber nicht so viele. Also nehme ich sie in Reserve und packe sie in Fettgewebe ein." Und dann wird aus diesem Zucker Fett synthetisiert und in Fettform gespeichert. Daher nehmen wir von zu vielen Kohlenhydraten zu. Weil sie in Fettgewebe umgewandelt werden.

Neben den drei Makronährstoffen benötigt unser Körper noch Mikronährstoffe, die so bezeichnet werden, weil sie nur in geringen Mengen aufgenommen werden müssen. Dazu gehören Vitamine. Davon gibt es fettlösliche Vitamine (E, D, K und A) und wasserlösliche Vitamine, wie B-Vitamine und Vitamin C. Und Mineralstoffe. Neben Natrium, also Salz, auch Chlorid, Kalium, Kalzium, Magnesium und viele andere. Und Spurenelemente. Davon gibt es eine lange Liste. Ganz oben stehen Eisen, Jod, Fluorid und Zink. Und sekundäre Pflanzenstoffe. Dazu zählen Sulfide, Monoterpene oder Sapoine. Dazu gibt es viele andere Bücher, also lassen wir es hier lieber weg.

Es ist Mittag.

Der Magen knurrt.

Wir wünschen guten Appetit. Mahlzeit.

9. DIE PSYCHE: BEWEGUNG ERHELLT DAS GEMÜT UND SORGT FÜR BESSEREN SEX

Wir alle haben Corona miterlebt. Am Anfang der Pandemie sind wir zu Hause geblieben, haben uns die Zahlen angeschaut, die aktuellen Entwicklungen. Wir haben mit der Familie und Freunden telefoniert, um uns zu vergewissern, dass es allen gut geht. Wir waren dabei, uns zu schützen und zu verstehen, was das überhaupt ist, was da los ist.

Früher oder später haben wir mitbekommen, dass wir nur zu Hause sitzen und nirgends hin können, und dass uns die Bewegung richtig fehlt. Studien zeigten, dass mangelnde Bewegung zu einem gewissen Teil, neben dem sozialen Entzug, negative Effekte auf die Psyche der Menschen hat. Dann starteten auf Instagram und anderen Social-Media-Kanälen immer mehr Home-Work-out-Videos. „Die Fitnesscenter sind zu. Wie kann ich zu Hause trainieren?" Vielen, die auf Bewegung verzichtet hatten, ging es psychisch schlecht. Zwei Kilo plus pro Lockdown. Die Menschen waren verunsichert, sie schliefen schlecht. Manche hatten depressive oder melancholische Phasen. Wir waren alle in einem Teufelskreis gefangen. Wie im Motel von Norman Bates in „Psycho" . Unter der Dusche, und der Typ mit dem Messer kommt ins Badezimmer.

Mangelnde Bewegung sorgt dafür, dass es uns psychisch schlechter geht. Und Menschen, denen eine Last auf der Seele liegt, trainieren weniger, geben viel leichter auf. Das ist nicht nur in Zeiten der Pandemie so, das gilt generell. Menschen, die mit ihrer geistigen Gesundheit zu kämpfen haben, haben weniger Motivation, sich mit einem Training zu beschäftigen.

Vor der Pandemie waren wir gewohnt, uns zu waschen, die Zähne zu putzen, unsere Haare zu kämmen, unsere Haut einzucremen – die normale tägliche körperliche Hygiene. Es gibt Studien, die besagen, dass wir die private Reinlichkeit während der Lockdowns vernachlässigt haben. Die Leute trugen keine schicke Kleidung mehr, sie ließen sich gehen. Aber was ist mit der emotionalen und der psychischen Hygiene? Wenn wir uns mit dem eigenen Körper beschäftigen, sollten wir uns immer parallel mit unserer Psyche beschäftigen. Studien belegen, dass körperliche Aktivität und psychische Gesundheit stark miteinander korrelieren. Es ist keine Einbahnstraße, sondern geht in beide Richtungen. Wie kommen wir jetzt aus diesem Teufelskreis heraus?

Dopamin, der wundersame Glücksrausch

Das Zauberwort heißt Dopamin. Der Körper hat einen Dopamin-Grundpegel – eine gewisse Menge des Glückshormons zirkuliert ständig in unserem Gehirn. Es ist wichtig für das allgemeine Wohlbefinden und reguliert zwei neuronale Schaltkreise: einen für Bewegung und einen für Motivation. Dopamin ist ein Neuro-Modulator, beeinflusst viele Neuronen auf einmal – und wie! Es kann nicht nur unser Energieniveau verändern, sondern auch unsere Gefühle oder Denkweisen. Wie wir grundsätzlich drauf sind, ob wir lachen oder in Endzeitstimmung geraten.

Der Pesthauch der Apokalypse wehte allerorts. Graue Wolken über der Seele.

Bei depressiven Menschen ist der Dopamin-Pegel sehr niedrig. Bei der Parkinson-Krankheit sterben Dopamin-Neuronen im Gehirn ab. Dieses Absterben führt dazu, dass diese Menschen zuckende Bewegungen und Probleme mit dem Sprechen haben. Dopamin spielt eine große Rolle bei allen Menschen und darf auch in diesem Buch nicht außer Acht gelassen werden.

Stellt sich die Frage: Wie können wir den Dopamin-Spiegel regeln? Nehmen wir zuerst einmal Schokolade. Die ist bekannt dafür, dass sie die Stimmung aufhellt. Oder wenn das Essen Zucker und Fett enthält, das erhöht den Dopamin-Grundwert bedeutend. Dopamin wird ausgeschüttet, wir fühlen uns glücklich, wenn wir eine Mehlspeise verputzen. Ein paar Minuten danach ist das Glücksgefühl schon wieder futsch, und wir denken uns: War das jetzt wirklich nötig?

Jeden Tag zehn Minuten spazieren gehen – geht sich nicht aus?

Eine gesunde Droge, die den Spiegel sogar um das Zehnfache erhöht, ist körperliche Aktivität. Kein Wunder, dass wir, wenn wir gerade im Fitnesscenter trainiert haben, lächelnd rausgehen und stolz darauf sind, was wir getan haben. Oder dass wir uns beim Laufen denken: „Das tut mir richtig gut!" Und zwar nicht erst, wenn wir unsere Haustüre, von der wir weggestartet sind, wieder sehen, sondern mittendrin.

Wir laufen in einem Rausch aus Zufriedenheit.

Aber das passiert leider nicht sofort. Es bringt nichts,

wenn wir gleich ins Fitnesscenter hetzen, uns überanstrengen und uns dann tagelang vor lauter Muskelkater nicht bewegen können. Wir müssen langsam beginnen. Damit sich der Körper an die Bewegung gewöhnt. Und jeden Tag zehn Minuten spazieren gehen. Wirklich jeden Tag. Dranbleiben! Nicht aufgeben. Dem Schweinehund keine Chance lassen. Das ist es. Mut zur Hartnäckigkeit.

Glücklicher Starrsinn.

Wenn wir das zwei Wochen lang schaffen, ist der Effekt größer, als wenn wir einmal pro Woche für zwei Stunden ins Fitnesscenter gehen. Wird es einmal zur Routine, läuft es von selber. Es wird zu einem Automatismus, bei dem wir uns nicht mehr plagen müssen. Das ist wie das Putzen der eigenen Wohnung. Wer jede Woche seine Wohnung putzt, braucht nicht lange. Wer nur einmal im Jahr putzt, braucht fünf Tage und lebt die restlichen elf Monate im Saustall. Setzen wir dafür einfach Termine an. Genauso wie wir Geschäftstermine vereinbaren, so machen wir auch Termine fürs Training aus. Oder fürs Putzen. Eintragen in den Kalender und nicht verschieben oder löschen. Der Termin ist unverrückbar.

Wenn wir trainieren – und damit ist jede körperliche Bewegung gemeint –, tun wir nicht nur unserem Körper etwas Gutes, sondern fördern unser psychisches Wohlbefinden, hellen das Gemüt auf.

Es gibt einige Studien, die sich damit auseinandergesetzt haben. Gerade bei einer leichten Depression ist körperliche Bewegung eine der ersten Methoden für die Behandlung dieses Zustands. Die Behandlungsmethode erzielt erstaunlich gute Erfolge. Die Patienten brauchen keine Medikamente, nur regelmäßige Bewegung.

Was täglich zehn Minuten Laufen mit der Seele macht

Das allein hilft vielen Menschen – schon nach 10–30 Minuten körperlicher Aktivität drei bis fünf Mal in der Woche. Nach zehn bis zwölf Wochen sind deutlich positive Effekte zu erkennen. Was die Studien zeigen, ist, dass schon nach zehn Minuten moderaten Laufens das Leben lacht. Das Gegenüber im Spiegel zieht die Mundwinkel hoch, und das Ego nickt: „Gratulation, es geht bergauf, du kannst es, du schaffst es, du bist es dir wert!"

Da kann keiner mehr eine Ausrede haben. „Nein, leider, geht sich nicht aus, wirklich nicht, keine Zeit." Wer keine zehn Minuten am Tag dafür aufbringen kann, sollte sich wirklich Gedanken machen.

Oder spazieren gehen. Die Intensität des Trainings macht natürlich etwas aus. Beim Spazierengehen brauchen wir 30 Minuten, um den gleichen Effekt zu erzielen. Schauen wir uns an, was dieses leichte Training in unserem Gehirn bewirkt. Sport aktiviert am stärksten jene Regionen, die für Stress, Stressresistenz und Alterung zuständig sind. Durch Bewegung lassen sich diese Bereiche positiv beeinflussen. Und jeder kann davon profitieren. Ein 80-jähriger grantiger Mann genauso wie ein 40-jähriger erfolgreicher Geschäftsmann oder eine 25-jährige Studentin. Die Effekte sind die gleichen. Die Studie hat gezeigt, dass bei den über 65 Jahre alten Probanden die Beschwerden ihrer Depressionen allein mit körperlicher Bewegung um 20–30 % gesenkt werden konnten. Also ein Fünftel bis ein Drittel der Depressionen kann mit Sport gelindert, wenn nicht gar komplett geheilt werden.

Wir haben demnach ein sehr günstiges und leicht verfügbares Werkzeug, um gewisse psychische Zustände zu behandeln und – was noch viel wichtiger ist – sie präventiv zu bekämpfen.

Bewegung heilt den Geist.

Doktor Sport ist der beste Therapeut.

Einfache Bewegung verhindert Depressionen

Ein weiteres Ergebnis dieser Studie: Wenn man sich regelmäßig körperlich bewegt, sinkt das Risiko, überhaupt eine Depression zu bekommen. Es gibt noch weitere Arbeiten, die sich mit dem Thema Psyche und Bewegung beschäftigen. Nicht nur Depressionen werden durch Bewegung gelindert, auch Panikattacken, Angst- und Schlafstörungen und sogar die Regulation der Libido kann damit beeinflusst werden. All dies können wir durch körperliche Aktivität gut in den Griff bekommen.

Bewegung beseitigt Furcht.

Bewegung macht Lust.

Bewegung erdet den Menschen.

Bewegung sorgt für besseren Sex

Körperliche Betätigung kostet Energie, gleichzeitig lässt sie uns energetischer empfinden. Mit dem guten Körpergefühl, das durch regelmäßigen Sport entsteht, fällt es leicht, sich nicht nur ausgeglichener, sondern auch attraktiver zu fühlen. *Mens sana in corpore sexy*, sozusagen.

Ein wacher Kreislauf weckt den Drang nach Aktivitäten in den intimeren Regionen, insbesondere nach einem Work-out. Abgesehen davon, dass das Blut in alle Regionen strömt, werden auch Glückshormone ausgeschüttet. Stresshormone fährt der Körper herunter.

Der Hormonumschwung macht sich besonders bei Männern bemerkbar, weil bei ihnen das Testosteron nach einem Krafttraining den Körper geradezu durchströmt.

Das Hormon Testosteron ist das Königshormon für die Lust auf Sex. Eine Variante dieses Stoffes – das freie, nicht an Eiweiße gebundene Testosteron – ist sowohl bei Männern als auch bei Frauen für die Libido verantwortlich.

Bei Frauen stärken regelmäßige Work-outs die Muskulatur im Vaginalbereich, was zu stärkeren Orgasmen führen kann.

Empfehlenswert ist moderater Sport. Eine Kombination aus Bewegung, Entspannung, verbesserter Durchblutung und Sauerstoffversorgung – auch der Sexualorgane. Dieses Training erhöht den Testosteronspiegel. Testosteron verringert übrigens auch das Risiko, eine Impotenz zu entwickeln. Gut geeignet sind: Laufen, Schwimmen, Nordic Walking oder Radfahren. Tipp unter uns: Beim Biken bitte auf einen gut eingestellten Sattel achten, sonst fördert das Erektionsstörungen, was ja eher kontraproduktiv ist.

Sportarten dagegen, die auf reine Ausdauer abzielen, behindern die Hormonproduktion, wie Studien mit Marathonläufern und Triathleten belegen. Kurzum: Extremer Ausdauersport killt die Lust.

Laufeinheiten ab 70 Kilometer pro Woche können laut Untersuchungen – je nach individueller Belastbarkeit – die Libido sogar gefährden. Frauen, die Kunstturnen, Sportgymnastik oder Eiskunstlauf als Leistungssport betreiben, entwickeln oft Zyklusstörungen.

Moderates Training hat die größte luststeigernde Wirkung

In einer Studie der University of Texas haben Sexualwissenschaftler untersucht, ob es einen messbaren Zusammenhang zwischen regelmäßigem Training und sexueller Lust bei Frauen gibt. Für die Studie, veröffentlicht in der Fachzeitschrift *International Society for Sexual Medicine*, fuhren die Probandinnen 20 Minuten Fahrrad und schauten dann einen erotischen Film an. Die Forscher haben die Erregung der Frauen nach fünf, zehn und 15 Minuten gemessen.

Resultat: Die Libido der Damen war nach 15 bis 30 Minuten am größten.

Ein weiterer Faktor: Moderates Training hatte die größte luststeigernde Wirkung. Offenbar ist die Vagina diesem Zeitpunkt optimal durchblutet.

Egal ob Mann oder Frau, für beide Geschlechter ist es wichtig, die Beckenbodenmuskulatur zu pflegen, mit ihr regelmäßig zu arbeiten, sie zu aktiveren. Für den Mann steigt mit der Kraft der Beckenbodenmuskulatur neben der Kontinenz auch die Erektionsfähigkeit. Die Ausdauer beim Geschlechtsverkehr, die Zeit, wie lange ein Orgasmus hinausgezögert werden kann, und auch die Härte des erigierten Penis werden von der Beckenbodenmuskulatur mitbestimmt.

Aktivieren Frauen regelmäßig ihre Beckenbodenmuskulatur, bearbeiten sie einen Teil der umliegenden Hilfsmuskeln, also Bauch-, Rücken- und Beinmuskulatur. Diese Stärke strahlt jede Frau mit einem trainierten Beckenboden aus. Schließlich wird durch mehr körperliche Aktivität der Blutgefäßzustand gerade im Beckenbereich verbessert. Das erhöht die Empfindsamkeit im Intimbereich. Kurz gesagt: Durch Sport wird der Sex faktisch besser.

Neues Trainingsgerät für die Beckenbodenmuskulatur

Beckenbodentraining kann neuerdings sogar mit einem speziellen High-Tech-Gerät geübt werden. Dieses steht bei John Harris Fitness am Wiener Schillerplatz – einfach ausprobieren.

Ob Menschen sich attraktiv fühlen oder nicht, spielt eine tragende Rolle bei der Libido. Sport sorgt für ein besseres Körpergefühl und verleiht mehr Selbstbewusstsein. Wer mit sich im Reinen ist, hat häufiger Lust auf Sex.

Ausdauersport in Maßen beugt auch Potenzstörungen vor. Eine Studie an der Medizinuniversität Wien hat gezeigt, dass Trainingseinheiten, bei denen pro Woche rund 3.000 Kilokalorien verbrannt werden, das Impotenzrisiko der 45- bis 60-Jährigen dauerhaft um 83 % senken. Dieser Effekt ist auch bei jüngeren Männern zu beobachten. Die 3.000 Kilokalorien entsprechen rund vier Stunden Bewegung pro Woche.

Wichtig ist, und das werden wir noch öfter in diesem Buch lesen, ein moderates Training.

Sport wirkt sich sogar auf die Fruchtbarkeit der Frau positiv aus. Eine kürzlich publizierte Untersuchung zeigte, dass sportlich aktive Frauen schneller schwanger werden als Bewegungsmuffel. Auch hier gilt: Hochleistungssport ist eher hinderlich.

Spuren hinterlässt Sport auch auf der psychischen Ebene. Bewegung hat Einfluss auf die Selbstwahrnehmung. Frauen wie Männer, die Sport treiben, fühlen sich besser – unabhängig davon, ob sie dick oder dünn sind. Und nicht zuletzt ist Sport ein probates Mittel zum Stressabbau. Das hat positiven Einfluss auf die Durchblutung, die Hormonproduktion und das vegetative Nervensystem.

Wir merken uns für den Abend: Lust auf Bewegung führt zu mehr Spaß im Bett.

Von der Zelle bis zum gesamten Wohlbefinden spielt der Lebensmotor Bewegung eine große Rolle. Nur ist unsere Gesellschaft nicht darauf ausgerichtet. Selbst wenn wir uns der Wichtigkeit bewusst sind, können wir kaum anders, als den Großteil des Tages zu sitzen. Auch die Hobbys der jungen Generationen laufen fast ausschließlich im Sitzen ab. Selbst zum Schachspiel ist man früher in den Park oder in den Verein gegangen. Heute spielen wir Schach mit Menschen auf der ganzen Welt in den eigenen vier Wänden am PC. Oder wir pokern online. Das ist spannend, wir bewegen uns aber keinen Zentimeter. Wir haben uns eine Umgebung geschaffen, in der es nicht mehr notwendig ist, sich zu bewegen. Dank Lieferservice, Amazon usw. müssen wir nicht einmal vor die Haustüre gehen um einzukaufen.

Wir klicken uns in die Passivität.

Der Bürgermeister eines renommierten österreichischen Kurorts hat sich unlängst gegen die Bezeichnung „Wellness-Ort“ verwahrt und gesagt: „Als Wellness wird von der Bevölkerung verstanden: Ich fahr jetzt für ein Wochenende irgendwo hin, da lieg ich den ganzen Tag im Wasser, sitz ein bisschen in der Sauna, dann esse ich so viel ich kann, weil es gut schmeckt. Dazu trinke ich noch eine Flasche Wein und bewege mich keinen Zentimeter. Das dürfen wir nicht als Wellness bezeichnen.“

In Wahrheit ist Bequemlichkeit nichts anderes als Suizid in Superzeitlupe. Und wir können uns jedes Jahr neue Pillen kaufen, die angeblich Fett verbrennen. Wir kaufen uns die Bequemlichkeit. Wenn wir Geld für die Gesundheit ausgeben wollen, dann kaufen wir lieber gute Laufschuhe, melden uns in einem guten Fitnesscenter an und investieren in einen Trainer, der uns beibringt, wie wir uns richtig bewegen. Und investieren wir lieber in ein Blutbild und ein Gespräch mit einem Arzt oder in eine Massage, die hilft, mit dem Stress besser umzugehen. Alle diese Möglichkeiten sind besser als jede Pille.

Sie bringen Glück. Warum stehen wir uns nur immer selbst im Weg?

10. DIE GRÖSSTEN FEHLER BEIM TRAINIEREN: PROFI-TRICKS, WIE'S RICHTIG GEHT

In Österreich gibt es 1.239 Fitnessstudios. 2018, also vor der Pandemie, erwirtschafteten die Studios 554 Millionen Euro Gesamtumsatz, wie eine Analyse von Deloitte belegt. 1.073.000 Mitglieder waren dort eingeschrieben. 12,3 % der Bevölkerung gehen mehr oder weniger regelmäßig ins Fitnesscenter, um zu trainieren, um aktiv etwas für ihren Körper zu machen. Damit haben die Österreicher im europäischen Vergleich einen Trainingsrückstand. In Schweden sind 21,6 % der Menschen in Fitnesscenter eingeschrieben, in Norwegen 21,4 % und in Dänemark 18,6 %.

Aber was ist wirklich los in unseren Fitnesscentern, was sind die größten Fehler beim Trainieren? Um das herauszufinden, reden wir mit zwei Trainern, Flavio und Ulrich von John Harris Fitness.

Was machen die Leute beim Training falsch?

Beim Trainieren gibt es ein grundsätzliches Problem: Die Menschen haben eine falsche Erwartungshaltung. Alles muss schnell gehen, und es muss in möglichst kurzer Zeit erreicht werden können. Dieses Bild wird vor allem durch die Sozialen Medien kommuniziert. In Magazinen steht beispielsweise: In zehn Wochen zum Waschbrettbauch. Das ist in den meisten Fällen nicht realistisch, weil jeder einen unterschiedlichen Körper hat und unterschiedliche Voraussetzungen mitbringt. Die Menschen sollten eher darüber nachdenken, was realistisch ist, welche realistischen Ziele sie sich setzen können.

Wenn wir mit dem Trainieren beginnen, sollten wir uns mit jemandem zusammensetzen, der eine entsprechende Erfahrung hat und einen realistischen Weg aufzeigen kann. Es ist unmöglich, einen Trainingsplan zu erstellen, der für jeden gilt. Die Psychen, die Körper sind so individuell. Als Trainer muss man einfach schauen, was man machen kann, in welcher Reihenfolge vorgegangen werden soll.

Wir müssen für jeden Einzelnen einen Plan erstellen, der die sport-motorischen Grundprinzipien beinhaltet und auf die Ziele abgestimmt ist. Das ist wie mit einem Anzug. Ich kann in ein Kleidungsgeschäft gehen und mir einen Anzug von der Stange kaufen. Der wird halbwegs passen. Ein maßgeschneiderter Anzug hat eine ganz andere Passform. Damit wir beim Training einen maßgeschneiderten Plan bekommen, müssen wir mit einem gewissen Ziel beginnen. Wer zu trainieren anfängt, muss wissen, wo er hinwill. Und wenn er das nicht weiß, braucht er eine Betreuung, die ihm hilft, den Weg zu finden. Wenn einem die besten Geräte zur Verfügung stehen, man bestens motiviert ist, aber eben nicht über das Know-how – „Wie trainiere ich, um mein Ziel zu erreichen?“, „Was will ich überhaupt erreichen?“, „Was ist mein Ziel?“ – verfügt, dann bringt die beste Motivation nichts.

Was sind klar definierte Ziele?

Die meisten Fitnessstudio-Besucher wollen sich einfach besser fühlen. Aber gerade das ist schwierig zu erreichen, weil es kein klar definiertes Ziel ist. Würde jemand beispielsweise sagen: „Ich wohne im dritten Stockwerk und bin immer so außer Puste, wenn ich da hinaufgehe. Ich will in einem Monat so weit sein, dass ich hinaufgehen kann, ohne dass mein Puls beim Raufgehen ansteigt.“ Dann hat der Trainer Anhaltspunkte und wird die Übungen mit dem Stiegenläufer in der Intensität und Häufigkeit machen, dass dieses Ziel erreicht werden kann. Ohne Zielsetzung ist es auch für den besten Trainer schwierig.

Oder wenn jemand Muskeln aufbauen oder abnehmen möchte, dann sind das ebenfalls Ziele, die nach Inhalt, Ausmaß und Zeit definiert sind. Das heißt, der Trainer definiert erst einmal den Inhalt „Abnehmen“, dann das Ausmaß. Wenn 20 Kilo runter sollen, dann kann der Trainer schauen, in welchem Zeitraum das möglich ist. Dieses große Ziel ist aber noch sehr weit entfernt. Das heißt, als Trainer muss man es in Teilziele runterbrechen und für den Kunden oder den Trainierenden so klar definieren, dass es ein greifbares Ziel wird. Was schafft er etwa in einer Woche? Wenn jemand wirklich sehr ambitioniert trainiert, ist ein halbes Kilo pro Woche realistisch. Ansonsten sind es eher ein bis zwei Kilo pro Monat.

Neben dem Training hat natürlich auch die Ernährung einen maßgeblichen Anteil am Trainingserfolg. Gerade beim Abnehmen – da geht das eine ohne das andere nicht. Und die Bereitschaft, auf beides zu schauen, ist unterschiedlich gegeben. Der eine ist sehr ambitioniert beim Trainieren, möchte sich aber bei der Ernährung möglichst wenig einschränken. Damit hat der Trainer eine gewisse Restriktion, wodurch sich das Ziel schon nicht mehr ganz klar definieren lässt. Wenn Training und Ernährung kombiniert werden – und der Kunde schaut wirklich auf die Kalorien und die Mengen –, dann wird es schon eher möglich sein, in einer Woche ein halbes Kilo Fett zu verlieren. Die Erfahrung hat allerdings gezeigt, dass das sehr unrealistisch und meistens nicht erreichbar ist. Der Körper befindet sich in einer defizitären Energiesituation. Und dann noch trainieren? Da greifen wir intuitiv irgendwo hin und holen uns die Kalorien, die wir verbrannt haben. Dann funktioniert das schon nicht mehr. Der Ernährungsteil ist gerade für jemanden, der abnehmen will, elementar wichtig.

Wie wichtig ist die Intensität?

Es kommt immer auf die Zielsetzung an. Ein Trainings-Anfänger will vielleicht einfach ein bisschen fitter werden. Ein ambitionierter Sportler möchte die nächste Schwelle erreichen. Es kommt natürlich auch darauf an, wie strukturiert der Plan ist. Wie oft geht jemand trainieren? Wie sind die Regenerationszeiten angesetzt? Und was hängt noch alles damit zusammen? Die Sportler müssen auch darauf achten, genug Schlaf zu bekommen. Wer ein sehr intensives Training macht, kann sich nicht die Nacht um die Ohren schlagen, weil er am nächsten Tag nicht fit sein wird. Es geht nicht nur ums Training selbst, auch vieles andere hat einen Einfluss darauf. Wir sehen das eigentlich als Life Coaching, als ganzheitlichen Ansatz. Eine Lebenseinstellung, die man mitbringen muss und ohne die es nicht funktioniert.

Andererseits muss das Training auch an die jeweilige Lebenssituation anpasst werden. Wenn das Leben ohnehin anstrengend genug ist, kann die Intensität natürlich gesenkt werden, damit einen das Training nicht überlastet. Eine alleinerziehende Mutter mit drei Kindern wird ganz anders trainieren als eine Dame gleichen Alters, die keine sozialen oder privaten Verpflichtungen hat. Die Mama wird auch einen ganz anderen Schlafrhythmus haben, weil sie dreimal in der Nacht aufstehen muss, um ihre Kinder zu versorgen. Da wird das Training, wenn es etwa am Vormittag stattfinden soll, anders ausschauen als bei jemanden, der einen geregelten Schlafrhythmus von 22 bis 6 Uhr hat. Das spielt alles mit.

Und natürlich auch die ganze Umgebung neben dem Training. Wie oft gehen wir in der Woche auch einmal spazieren? Wie viel bewegen wir uns im Alltag? Wie viel sitzen wir im Alltag? Das ist ganz wichtig. Und das alles sollte beim Training berücksichtigt werden. Daher ist es gut, einen Trainer zu haben, der dann auf diese vielen Faktoren Rücksicht nehmen kann und über das entsprechende Know-how verfügt. Im Internet stehen unzählige Trainingspläne, die sind aber eben nicht individuell auf die Person abgestimmt. Einen General-Trainingsplan gibt es nicht.

Was gilt es zu beachten?

Die Sportwissenschaft hat das sehr gut erforscht. Wie funktioniert der Muskelaufbau? Was wird dafür benötigt? Welchen Intensitätsbereich braucht es? Wenn es um Gesundheitssport, um das Herz-Kreislauf-System geht, dann sind die Faktoren natürlich andere. Alles hängt stark mit dem gesetzten Ziel zusammen. Jeder bringt unterschiedliche Bedingungen mit – auch was die Regenerationsfähigkeit betrifft. Der eine steht um 6 Uhr auf, arbeitet bis 23 Uhr in der Nacht und schläft jeden Tag nur fünf Stunden. Der hat andere regenerative Kapazitäten als jemand, der beispielsweise Student ist und an manchen Tagen untertags vielleicht nur ein paar Stunden in einer Vorlesung sitzt oder gleich ins Kaffeehaus geht. Der Körper wird anders regeneriert.

Es gibt einfach Tausende Faktoren, die mit zu berücksichtigen sind. Und darum ist es für einen angehenden Sportler, der mit dem Training beginnen will, sehr wichtig, sich eingangs mit einem Trainer zusammenzusetzen, damit die beiden einander kennenlernen können. Der Trainer muss vieles von seinem Sportler wissen, um ihn für das Training richtig einschätzen zu können. Welche Intensität ist möglich? Welche ist sinnvoll? Wo liegen die Schwierigkeiten?

Verlangt der Trainer zu viel, können die Sportler den Gegeneffekt geradezu psychisch erfahren. Dann wird das Training zu einer Drucksituation, und die Empfindung nach dem Training ist nicht: „Das hat mir gut getan", sondern: „Bin ich froh, dass es vorbei ist." Und am nächsten Tag ist der Druck wieder da: „Ich muss dort hingehen, das gehört dazu." Wenn Training diesen Charakter annimmt, haben wir eine extrinsische Motivation. Die Motivation für ein bestimmtes Verhalten wird dann durch äußere Reize und Einflüsse hervorgerufen, nicht durch innere Überzeugung, Leidenschaft oder Lust. Und dann ist es nur eine Frage der Zeit, bis das Training abgebrochen wird.

Um einen Suchtfaktor auszulösen – nach dem 12. oder 14. Mal werden Glückshormone ausgeschüttet –, muss die Motivation intrinsisch sein, von innen kommen: „Ich habe den Willen. Ich sehe auch sofort ein Ergebnis und merke, dass es mir mehr positive Benefits gibt." Wenn die negativen Benefits überwiegen, wird genau das Gegenteil eintreten. Der Körper reagiert mit einer Trotzreaktion und stößt nicht mehr die positiven Hormone, die Glückshormone, aus.

Der Körper lässt sich aber überlisten. Eben durch kleine Zwischenziele. Das ist wie mit einer To-do-Liste. Sobald wir ein Häkchen setzen können, bringt das Glücksgefühle. „So, erledigt. Endlich!" Und genauso ist es beim Sport. Sobald ein kleines Ziel erreicht ist, schafft das positive Emotionen – auch im Training.

Ein kleines Ziel kann etwa sein, bei einer bestimmten Übung eine Wiederholung mehr zu schaffen. Oder auf seiner Laufstrecke um 30 Sekunden schneller zu sein. Oder im dritten Stockwerk anzukommen und nicht mehr schnaufen zu müssen. Das sind Ziele, die auch Anfänger relativ schnell erreichen und die ein gutes Gefühl beim Training schaffen.

Mit welchen Tools lässt sich der Trainingsfortschritt messen?

Am besten lässt sich der Trainingsfortschritt mit einer genauen Körperanalyse messen. Diese Top-Geräte gibt es in allen John Harris Fitnessstudios. Damit lässt sich feststellen, wie sich die Muskelmasse, wie sich die Fettmasse entwickelt. Mit einer normalen Körperwaage zu Hause ist das nicht möglich. Nehmen wir einmal an, jemand will abnehmen und findet einen Trainingsplan im Internet. Den befolgt er schön brav über mehrere Wochen hinweg und baut Muskelmasse auf. Er stellt sich auf seine Waage, und die zeigt ihm an, dass er zugenommen hat. Die Waage sagt ihm: „Nichts abgenommen. Ziel verfehlt." Wie viel Muskelmasse wurde tatsächlich aufgebaut? Und wie viel Fettmasse abgebaut? Es ist wichtig, dass solche Tools regelmäßig genutzt werden, damit der Trainingsfortschritt erkennbar wird, messbar.

Solche Tools gibt es nicht überall. Eine Körperfettwaage kann zwar die Fettmasse messen, das Wetter ansagen und mit dem Handy verbunden werden, bekommt das mit der Muskelmasse aber nicht hin. In ausgewählten Fitnesscentern gibt es solche Körperanalysegeräte. Die werden von vielen Kunden regelmäßig genutzt. Und die, die sich ihre Trainingsfortschritte damit anschauen, bleiben in der Regel dann auch länger dran, weil sie erkennen: „Hey, da tut sich wirklich was."

Das steigert die Motivation. Wir dürfen auch nicht die ganze Zeit nur nach vorne schauen, wir müssen auch einmal zurückschauen. „Was habe ich bereits geschafft?" Und uns auch einmal gut fühlen und uns nicht stressen lassen, weil es bis zum Sommerurlaub nur noch drei Monate sind.

Was sind denn die größten Faktoren fürs Scheitern?

Der Hauptgrund ist die falsche Erwartungshaltung. Dass es eben schnell gehen muss. Das ist der Hauptfehler, dass wir uns sagen: „Okay, jetzt habe ich zwei Wochen lang trainiert, aber es tut sich nichts." Diese Leute brechen meistens ab.

Die Verletzungsgefahr hängt mit dem fehlenden Knowhow zusammen. Wenn zu Hause die Gewichte gestemmt werden, der Trainierende aber nicht weiß, wie die eine oder andere Übung korrekt ausgeführt wird, ist die Verletzungsgefahr groß. Auch wenn jemand nicht weiß, dass Aufwärmen essenziell ist, weil danach dann auch größere Lasten bewegt werden können. Die häufigsten Verletzungen passieren übrigens im Bereich des Rückens.

Es gibt Untersuchungen zu den Drop-out-Raten in Fitnessstudios. Ein wesentlicher Beitrag, den Fitnessstudios leisten können, damit Mitglieder bleiben, ist die Betreuung; dass sich die Leute aufgehoben fühlen und sich nicht um die Strukturierung ihrer Ziele kümmern müssen. Sie können das abgeben. Im Fitnessstudio stimmt jemand, der das Wissen mitbringt, das Programm so ab, dass der Trainierende fortwährend an etwas arbeiten kann. Sonst verlieren sie irgendwann das Vertrauen in das Ziel.

Vielleicht hat der eine oder die andere am Anfang eine falsche Erwartungshaltung, wenn er oder sie ins Studio kommt. Die Psychologie ist dann ähnlich wie an der Börse. Nehmen wir ein Unternehmen, das sehr vielversprechend und hoch bewertet ist, alle projizieren viel Fantasie hinein – und dann kommt die große Enttäuschung, wenn es doch nicht wie erwartet funktioniert. Und die Zahlen zeigen, dass bei Weitem nicht so gut gewirtschaftet wurde wie erwartet, weit entfernt von den eingepreisten Millionen.

Genauso ist es beim Training. Da haben viele die Erwartungshaltung: „Jetzt gehe ich rein, und in zwei Monaten bin ich ein Kraftpaket." Doch dann geht alles viel langsamer, und der Motivationsschub fällt ins Unermessliche nach unten.

Dann kommt der Gedanke: „Na ja, gut. Jetzt bin ich angemeldet“, aber man geht nur noch ein- oder zweimal hin. Das verstärkt den Prozess, denn natürlich geht gar nichts mehr weiter. Das fehlende Erreichen der Ziele ist ein wesentlicher Grund, warum Leute aufhören zu trainieren. Ein Trainer in einem Fitnessstudio kann dem entgegenzuwirken, indem er versucht, dass jeder seine Ziele erreichen kann, indem er die Erwartungshaltung ein bisschen herunterfährt und den Trainierenden motiviert.

Die Entscheidung: „Jetzt tue ich etwas für meinen Körper, für meine Gesundheit“ ist absolut richtig und wichtig, aber auch recht schwer. Wir putzen täglich die Zähne. Wir sind nicht unbedingt motiviert, das zu tun, es macht keinen Spaß, aber wir machen es trotzdem, weil es irgendwie dazugehört. Wir wissen, wir müssen unser Gebiss schützen, damit wir es lange haben. Und ähnlich ist es beim Training. Wir haben einen Körper, der möglichst fit bleiben soll, weil wir unsere Lebensqualität dadurch erhalten wollen. Das ist übrigens das beste Motiv, um etwas zu tun.

Das Leben wird immer bequemer. Es wird uns immer mehr abgenommen, wir müssen körperlich weniger leisten. Beispiel: Volkskrankheit Sitzen. Es gibt Studien, die nachgewiesen haben, dass sich das Leben ab einer bestimmten Stundenanzahl, die wir pro Tag sitzen, um einige Jahre verkürzt. Wir gehen nicht mehr einkaufen, weil jemand es für uns erledigt.

Wir fahren mit dem E-Scooter, um nicht gehen zu müssen. Wir benützen nicht mehr die Stiege, sondern fahren bequem mit dem Aufzug. Das summiert sich am Ende des Tages auf 200–300 Kalorien, mit denen wir im Überschuss sind. Und das ergibt – aufs Jahr gerechnet – drei, vier Kilogramm mehr. Diese kleinen Dinge machen den Unterschied im Alltag aus.

Genauso wie wir nicht über Nacht den Traumkörper erreichen werden, kommen wir auch nicht über Nacht zu einem Körpergewicht von 130 Kilo. Das sind schleichende Prozesse, die wir gar nicht so richtig mitbekommen. Es gibt immer wieder Personen, die wirklich starkes Übergewicht haben. Und wenn wir uns die genauer anschauen, so haben sie gar nicht so viel falsch gemacht. Aber es sind kleine Faktoren, die sich über Jahre eingeschlichen und den Lebensstil in eine Negativspirale gedreht haben. Wer 10 Kilo zu viel hat und deswegen lieber den Aufzug nimmt, wird er in absehbarer Zeit 20 Kilo zu viel auf die Waage bringen. Und dann nimmt er erst recht nicht mehr die Stiege. Das Umkehren wird immer schwieriger, wenn wir aus dieser Negativspirale ausbrechen wollen.

Was hilft bei Übergewicht?

Erkenntnis ist das Stichwort. Nur das Wissen, übergewichtig zu sein, bringt gar nichts. Wenn man einen Übergewichtigen fragt, ob er einen schlechten Lebensstil führt, so weiß er das. Aber die Erkenntnis, es selbst in der Hand zu haben, muss erst einmal begriffen werden. Irgendwann im Leben erreicht jeder den Punkt, bei dem er zur Erkenntnis kommt, dass jetzt etwas geändert werden muss. Dass er für den Körper etwas tun muss, sonst wird er nicht mehr lange Spaß damit haben. Ganz klassisch passiert das zu Silvester, weil das neue Jahr auch als Neustart interpretiert wird.

Psychologisch gesehen wäre es besser, wenn wir nicht einen Tag, wie eben Neujahr, als Anlass bräuchten, um etwas zu ändern. Es ist nur ein bestimmtes Datum. „Aber jetzt fangen alle damit an. Da sollte ich auch was tun." Der Entschluss wurde nicht selber gefasst. Die Motivation kommt von außen. Es ist ein gesellschaftlicher Brauch: Am 1. Jänner müssen wir irgendetwas angehen. Und die Leute sprechen ja auch miteinander darüber: „Was sind deine Neujahrsvorsätze?" Das heißt, wir haben wieder Druck. Besser wäre es, würden wir uns unabhängig von einem Datum Ziele setzen und mit deren Umsetzung beginnen. Nicht unbedingt am 1. Jänner. Vergleichbar ist das mit dem Rauchen. „Jetzt höre ich wirklich damit auf. Aber diese eine Zigarette rauche ich noch." Das heißt, wir stehen uns selbst am meisten im Weg.

Motivation von außen kann aber auch gut sein. Wenn wir es richtig machen und uns nur inspirieren lassen. Über Social Media wird immer geschimpft, aber wir können uns diese diversen Kanäle auch anschauen und uns fragen: „Was können wir erreichen?" Und nicht: „Der hat einen Waschbrettbauch. Das will ich auch." Oder was haben Freunde bereits geschafft? Ein Freund hat gerade ein Bild gepostet – er hat alle Dreitausender in Österreich bestiegen. So etwas kann auch motivieren, und wir setzen unsere Ziele dann ganz anders. Aber die Motivation muss von uns selbst kommen, sonst wird es schwierig.

Was sagen Trainer über Fitness-Apps?

Das sind Werkzeuge, die wir verwenden können. Verwenden wir eine Fitness-App zur Protokollierung des Trainings, so ist das sehr gut. Problematisch wird es, wenn das Programm uns zu etwas treibt. Es gibt Apps, die den Leuten eine Mitteilung schicken, wenn sie sich fünf Stunden nicht bewegt oder zwei Tage keinen Sport gemacht haben. Da kommt wieder Druck von außen.

Wir alle haben unterschiedliche Bedürfnisse, warum wir gewisse Dinge kaufen. Trainer benutzen keine Fitnessuhren. Aber das hängt auch mit unserem Naturell zusammen. Es gibt viele Leute, die Fitness-Tracker haben. Das sind vermutlich Menschen, die gern spielen, und das lässt sich mit dem Sport vereinen. Wenn sie Spaß daran haben, es sie motiviert und sie sich ein bisschen davon treiben lassen, dann das ist in Ordnung. Wir müssen nur schauen, dass dies in einem Ausmaß geschieht, das auch vernünftig ist. Es kann ungesund werden, wenn das Spiel als Grundlage genommen wird. Etwa bei Ernährungs-Apps, wenn begonnen wird, die Kalorien zu zählen. Wenn jede einzelne Mahlzeit in Kalorien zerlegt wird, kann das zu Essstörungen führen.

Sehen wir uns Mädchen mit 14, 16 oder 18 Jahren an, die ihre Social-Media-Vorbilder haben und genauso aussehen möchten. Wenn sie dort sehen, dass ihre Vorbilder ihre Kalorien ganz genau tracken und dann so schön schlank sind, dann denken sie: „Ich darf nicht mehr als so und so viel essen." Merken sie dann, dass sie umso dünner werden, je weniger sie essen, und so immer mehr an ihre Vorbilder herankommen, dann nimmt das einen gefährlichen

Charakter an. Dann wird Ernährung plötzlich als Mittel zum Zweck gesehen und nicht mehr als Genuss. Der gehört aber genauso zum Leben. Der Spaß, die Leichtigkeit.

Klicken wir uns durch die Sozialen Medien, so sehen wir immer Bilder von schönen Männern und Frauen mit idealen Körpern. Die Gesellschaft sagt, was ideal ist. Darauf werden wir konditioniert und beginnen uns damit zu vergleichen. Wenn wir dann jemanden im Fitnessstudio sehen, der zwar vielleicht erst drei Wochen trainiert, aber schon entsprechend Muskulatur aufgebaut hat, so sagen wir uns: „Das möchte ich auch." Und wir vergleichen unsere Fortschritte – was man niemals tun darf. Ein anderer Körper hat völlig unterschiedliche Voraussetzungen, von den genetischen Komponenten bis hin zur Zeit, die diese andere Person für das Training aufbringt, oder ihrer Regenerationsfähigkeit. Der Vergleich mit anderen – wobei wir uns immer mit Besseren vergleichen – führt letzten Endes immer dazu, dass wir deprimiert sind.

Ist Training allein besser?

Die soziale Komponente hat auf alle Fälle Einfluss auf den Erfolg des Trainings, weshalb sich das Home-Training nicht wirklich durchsetzt. Das Fitnessstudio ist ein sozialer Ort, wo die Menschen zusammenkommen.

Manche trainieren lieber mit Ohrstöpseln und allein, andere haben gern jemanden Zweiten, der sie motiviert und auch unterstützt. Ganz wichtig dabei ist, wen wir uns als Trainingspartner aussuchen. Das sollte natürlich jemand sein, der auf derselben Wellenlänge ist, der uns positiv bestärkt und ein bisschen in die richtige Richtung schubst. Das ist ganz, ganz wichtig. Manchmal kann ein Trainingspartner aber auch ein Klotz am Bein sein, der den anderen bei seinem Training behindert, weil dieser dann nicht so effektiv trainieren kann. Jeder muss individuell und für sich persönlich herausfinden, welcher Typ von Trainierendem er ist. Was hilft mir am meisten, meine Ziele zu erreichen? Brauche ich einen Gegenpart, oder bin ich mir allein am liebsten? All das weiß jeder von uns selbst am besten.

Ab wann wird Sport ungesund?

Wenn er das Leben so einschränkt oder so beeinflusst, dass wir woanders stark zurückstecken müssen. Und es kommt immer drauf an, ob es körperlich und psychisch ungesund ist. Es wird zuerst psychisch ein Problem. Wenn man durch diese elektronischen Gadgets dazu gezwungen oder getrieben wird.

Ein Pulsgurt ist etwas ganz anderes. Den legt man an, um seine Pulsfrequenz während des Trainings zu messen. Man achtet auf seinen Körper. Die Motivation ihn zu nutzen, kommt von innen. Immer von innen.

Sind Protein-Shakes sinnvoll?

Es handelt sich dabei um Nahrungsergänzungsmittel. Sie werden auch als solche verkauft und sollen nur eine Ergänzung zu einer abwechslungsreichen, gesunden Ernährung sein. Aber leider werden sie von vielen als Allheilmittel angesehen. Sie glauben, dass sie einen Protein-Shake brauchen, um Muskelmasse aufzubauen, und ernähren sich dann fast ausschließlich von diesen Shakes.

Der Körper braucht natürlich normale Mahlzeiten. Wenn wir etwas Festes essen, läuft die Speichelproduktion ganz anders, und die Nahrung wird anders vom Körper aufgenommen und verarbeitet. Als Unterstützung sind Shakes gut, aber nicht ausschließlich.

Für einen Veganer, der sich nur von Gemüse, Erbsen oder Hülsenfrüchten ernährt und vielleicht einen Proteinmangel hat, kann ein veganes Protein-Supplement durchaus sinnvoll sein. Aber Menschen, die sich gesund ernähren, haben keinen Nährstoffmangel, wie uns von der Supplementindustrie vorgegaukelt wird. Dabei wird gezielt mit den Bedürfnissen und auch Ängsten der Kunden gespielt.

Es gibt Produkte, die Muskeln beim Training schützen sollen, wobei die meisten Supplemente wirkungslos sind. L-Carnitin beispielsweise. Das wird im Körper selbst aus Aminosäuren gebildet und spielt eine wichtige Rolle beim Energiestoffwechsel, beim Transport von Fettsäuren. Das Nahrungsergänzungsmittel ist völlig wirkungslos. Die Erzeuger-Firma aber hat ein gutes Marketing. Sie hat die L-Carnitin-Story kreativ geändert, und auf einmal heißt es, L-Carnitin würde Fett verbrennen. Und die Leute kaufen. Weil keiner über das fachliche Wissen verfügt und sich auch niemand etwa auf verbraucherzentrale.de informiert. Dort steht nämlich klar und deutlich, dass „eine Extraportion L-Carnitin weder den Gehalt im Muskel erhöhen, noch Muskelschäden verhindern oder die Fettverbrennung ankurbeln kann."

Werden beim Trainieren häufig verbotene Substanzen konsumiert?

2014 hat eine große deutsche Fitnessstudio-Kette eine Studie durchgeführt, bei der ermittelt wurde, wie viele Fitnessstudio-Mitglieder Substanzen konsumieren, die auf der Dopingliste stehen. Dabei kam heraus, dass jeder Vierte schon einmal solche Substanzen konsumiert hat. Bodybuilder gibt es immer noch.

Auch beim Wien-Marathon wurde einmal eine Studie gemacht, bei der stichprobenartig Läufer getestet wurden. Die Ergebnisse waren erschreckend. Und das bei einem Laufevent, bei dem Hobby-Athleten antreten. Hier geht es nicht darum, den Weltrekord zu brechen, sondern die Leute wollen sich selber etwas beweisen. Sogar bei diesen Leuten war der Prozentsatz jener, die Substanzen konsumiert haben, relativ hoch, zwischen 10 und 20 %. Das heißt, jeder Zehnte bis Fünfte hat eigentlich schon Medikamentenmissbrauch betrieben, um sich selber zu betrügen. Leider wird das in den letzten Jahren immer alltagsfähiger.

Die Selbstoptimierung ist ein Trend – bereits seit einigen Jahren. Alles muss optimiert werden. Auch der Zugang ist einfacher geworden. Wer im Internet „Wachstumshormon" eingibt, stößt gleich auf fünf Anzeigen. Die Leute bestellen aber nicht nur im Internet. Wenn sie im Fitnessstudio jemanden sehen, der besonders viele Muskeln hat, so sprechen sie ihn vielleicht einmal an. Oder sie gehen einfach in den Supplement-Shop und fragen: „Was gibt es denn da noch, außer Protein-Shakes?" Darüber wurde in Wien sogar einmal eine Reportage gemacht. Die Journalisten besuchten mit versteckter Kamera fünf Geschäfte, wobei sie in dreien auch verbotene Substanzen bekommen hätten.

Ist es besser, in der Früh oder am Abend zu trainieren?

Wir raten davon ab, direkt vor dem Schlafengehen zu trainieren, weil der Körper natürlich durch das Training aktiviert wird und Stresshormone produziert. Die ersten zwei oder drei Stunden Schlaf sind dann nicht so regenerativ, wie sie eigentlich sein sollten. Sonst ist auch hier wieder die persönliche Präferenz wichtig. Morgenmuffel werden sich nicht freuen, um 6.30 Uhr auf dem Crosstrainer zu stehen.

Kraft oder Cardio, was zuerst?

Die Sportwissenschaft hat eine ganz klare Reihenfolge definiert: Koordination vor Kraft vor Ausdauer. Je komplexer eine Bewegungsanforderung ist, desto früher ist sie in der Reihenfolge anzusiedeln. Wenn wir etwa einen intensiven Sprint machen und dann versuchen, irgendwo zu balancieren, wird das nicht gut funktionieren. Umgekehrt klappt es wunderbar. Nach dem Krafttraining haben wir noch immer genug Energie, um entspannt, aerob, also mit niedriger Intensität auf einem Laufband zu laufen.

Vor dem Training aber bitte immer aufwärmen! Einfach als Verletzungs-Prophylaxe; das Aufwärmen gehört unbedingt dazu. Nicht nur, weil wir mit kalten Muskeln keine schweren Lasten bewegen können, wir sollen die Muskeln auch nicht dehnen. Es gibt Studien, die belegen, dass die

Verletzungsgefahr deutlich höher ist, wenn nicht aufgewärmt wurde. Und die Übungen, die Bewegungsabläufe müssen natürlich stets korrekt ausgeführt werden.

Ein Fehler, den viele machen, ist, ins Fitnessstudio hineinzukommen und mit den Bizeps-Curls zu beginnen. Wenn Sie danach einen Klimmzug machen wollen, funktioniert das nicht mehr. Je komplexer eine Übung, desto früher im Trainingsablauf muss sie gemacht werden. Komplex heißt mehrgelenkig. Bei einem Klimmzug sind Ellbogen- und Schultergelenk beteiligt – also zwei Gelenke und zwei Muskelgruppen –, bei einem Bizeps-Curl nur ein Gelenk, nämlich das Ellbogengelenk. Die komplexen Übungen sind koordinativ anspruchsvoller und sollten an den Anfang gelegt werden. Je isolierter und eingelenkiger eine Übung, desto eher sollte sie am Ende durchgeführt werden.

Wie viel Regeneration brauchen die Muskeln?

Der Muskel wächst ja nicht im Training – die Superkompensation beschreibt den Vorgang der Überanpassung des Körpers durch Erholung nach einer Belastung. Das Training ist für den Muskel ermüdend, danach muss er wieder aufgebaut werden. Deshalb ist Schlaf so wichtig, denn während wir schlafen, sind die regenerativen Prozesse am stärksten. Der Muskel hat gemerkt, dass er belastet wurde, und will sich vor diesem Reiz schützen. Was macht er? Er wächst und ist nach der Regenerationsphase leistungsfähiger. Und erst wenn die Superkompensation an ihrem Höhepunkt ist, sollte das nächste Training erfolgen.

Wenn die Regenerationszeit zu kurz ist, trainieren wir zu einem Zeitpunkt, an dem sich der Muskel eigentlich noch regenerieren möchte. Er hat nicht das volle Leistungspotenzial, wir können auch nicht so stark trainieren. Eine Belastung ist aber trotzdem da, und die Leistung wird langfristig gesehen entweder stagnieren oder sogar geringer werden. Das ist intuitiv greifbar. Nach dem Training sind wir müde. Egal ob Fitnesscenter oder Marathon. Nur die wenigsten werden danach gleich noch eine Trainingseinheit anhängen.

Nach einer Trainingseinheit mit voller Intensität ist Ruhe angesagt. Regeneration braucht eine gewisse Zeit. Das bedeutet: Nach dem Training sind wir schwächer als davor, die Leistung geht zurück, der Körper ist ermüdet. Dann gibt es den Wendepunkt, an dem sich der Körper in der Regeneration über das ursprüngliche Leistungsniveau hinaus verbessert hat. Nun trainieren wir erneut, um wieder zu ermüden und uns in der nächsten Regenerationsphase auszurasten. Das ist das Konzept der Superkompensation.

Und auch der Grund, warum beim intensiven Trainieren ein Split durchgeführt wird: Es wird nicht jeden Tag der ganze Körper trainiert, sondern die Konzentration liegt am Montag auf eine Muskelgruppe, am Dienstag auf einer anderen und am Mittwoch auf wieder einer anderen. Sonst hätten die Muskeln nicht genug Zeit zur Regeneration, wenn wir häufig trainieren gehen wollen. Natürlich wäre es super, bräuchten wir die Regeneration nicht und könnten wir jeden Tag einen Wachstumsreiz setzen. Aber der Reiz allein bringt nichts ohne Regeneration. Bei einem Split-Training sieben Mal die Woche werden jeden Tag unterschiedliche Muskelgruppen trainiert, die erst wieder drankommen, wenn sie wieder gut erholt und dann auch leistungsfähiger sind.

Ist ein Sieben-Tage-Training überhaupt vernünftig?

Natürlich kommt es ganz stark auf die Zielsetzung an. Und dann gibt es auch die sogenannte Zeiteffizienz: Jede zusätzliche Einheit bringt nicht mehr denselben Nutzen. Wenn beispielsweise jemand, der viermal in der Woche trainiert, noch eine fünfte Einheit dranhängt, ist der Nutzen, dieser fünften Einheit viel geringer als etwa bei einem Anfänger, der gerade von einem Training pro Woche auf zwei Trainings umstellt.

Der Erste trainiert schon viel und kann sich durch die weitere Trainingseinheit nicht mehr viel verbessern. Der Anfänger hingegen hat noch viel Luft nach oben. Von einmal auf zweimal aufzustocken, ist es ein riesiger Unterschied, von zwei auf drei wird der Unterschied schon kleiner, von drei auf vier noch marginaler, und bei sechs auf sieben ist er bereits sehr gering. Die Kurve wird sich bei dreimal Training pro Woche als Optimum einpendeln.

Wie wichtig ist Bewegung?

Sie ist das Wichtigste, das wir für unsere Gesundheit tun können. Die WHO hat schon vor Jahren die Richtlinie ausgegeben, dass wir täglich 10.000 Schritte gehen sollten. Würden alle das machen, wären wir alle kerngesund.

Bei einer mittleren Schrittlänge von 65 Zentimetern müssten wir täglich sechseinhalb Kilometer gehen – und das schaffen wahrscheinlich nicht einmal die Leserinnen und Leser dieses Buches, die an einem gesunden Lebensstil interessiert sind. Wenn wir mehr als 5.000 Schritte täglich zurücklegen, ist alles halbwegs okay. Wir müssen keine Supersportler werden. Wer will, darf natürlich mit einem intensiven Training loslegen, zu viel Sport ist selten ungesund.

Jeder Anfang ist schwer, oder?

Daher gehen wir das Projekt Gesundheit langsam an und beginnen damit, erst einmal zwei- bis dreimal in der Woche 30–45 Minuten lang spazieren zu gehen. So eine kleine Runde hat jeder gleich ums Eck. Aber wir bleiben dran und gehen nicht nur an den drei Terminen in der ersten Woche, sondern auch in der zweiten, dritten und vierten Woche. Und wir werden sehen, wie sich diese Spaziergänge mit der Zeit fast von selbst in unsere Tages- und Wochenplanung integrieren. Und dann gehen wir weiter und schauen einmal, was wir schaffen.

Nach vier Wochen: Studien haben gezeigt, dass sich die Durchblutung der Muskeln verbessert, auch im Gehirn funktioniert sie deutlich besser. Die Blutgefäße werden elastischer, die Lernfähigkeit steigt. Auch das Herz-Kreislauf-System wird angekurbelt, und es verbessert sich die Funktion der Nieren.

Nach sechs Wochen: Das moderate Training führt dazu, dass die Muskeln, die ohnehin im Alter schrumpfen, wieder wachsen. Entzündungen werden auf diese Weise deutlich reduziert.

Nach acht Wochen: Der Fettgehalt der Leber wird um ein Drittel reduziert. Der Blutdruck sinkt. Auch die Noradrenalin- und Adrenalinwerte gehen um bis zu 16 % zurück.

Und dann gehen wir automatisch weiter: Ein regelmäßiges, leichtes Training aktiviert die Bakterien im Darm. Bewegung ist gut für die Verdauung.

Sechs Monate zwei- bis dreimal in der Woche Spazierengehen bewirkt, dass sich die Cholesterinwerte deutlich verbessern. Nach einem halben Jahr erhöht sich die Dichte an weißer Materie im Gehirn, und das steigert die Gedächtnisleistung.

Viele Studien haben auch bewiesen, dass körperliche Aktivität und psychische Gesundheit zusammenhängen. *Mens sana in corpore sano* – das haben schon die alten Römer gewusst. Und die sind mit ihren Legionen ständig marschiert.

Wie strecken die Hand aus: Komm, gehen wir's an.

Persönliche Verabschiedung der Autoren.

LOS GEHT'S!
IDEALE ÜBUNGEN FÜR DAHEIM

Der Himmel über London ist zu einem fahlen Anthrazit ergraut, es nieselt. Als der Big Ben dreimal schlägt, spazieren Frauen und Männer in Jeans und mit Sneakers über die Tower Bridge, manche ziehen die Kapuze über den Kopf. Im England des Jahres 2022 ist das Leben ein bisschen hektischer als vor siebzig Jahren. Eile ist geboten.

Ein roter Doppeldeckerbus fährt vorbei.

Jerry Noah Morris sieht ihn nicht mehr. Er starb 2009 mit 99 Jahren. Bis ins hohe Alter war er gesund. Jerry haben wir den Beweis zu verdanken, dass Bewegung alles ist. Die Busfahrer wussten das damals nicht.

1.235 Kilometer Luftlinie entfernt liegt Österreich.

Das Wetter ist prächtig, frühlingswarm, lau. Ein herrlicher Tag.

Der Himmel strahlt in einem satten Kobaltblau, keine Wolke dort oben. Alles duftet nach mehr.

Ein Mädchen läuft über die Wiener Donauinsel, ihr Trikot ist weiß, die Schuhe sind knallgelb. Sie läuft langsam, aber beständig dahin, schaut kurz auf ihr Smartphone und nickt. Ja, ihr Lächeln ist echt. Ihr Lächeln bewegt. Ihr Lächeln ist die ganze Welt.

Es ist Dienstag, und die Sonne steht im Zenit.

Los!

HIER EINIGE ANREGUNGEN, WIE SIE IN DIE GÄNGE KOMMEN

Durch einen aktiven Lebensstil und regelmäßige körperliche Belastung können Sie Ihre Vitalität steigern. Auch wird die Muskulatur aufgebaut, und jeder geleistete Schritt ist ein Beitrag zur Erhaltung Ihrer Gesundheit. Hier finden Sie ein paar Anregungen, um Ihren Alltag aktiv zu gestalten und mit körperlichen Übungen fit zu bleiben:

Ausdauertraining / Grundlagenausdauer

3 x pro Woche 1 der 4 genannten Einheiten durchführen; je mind. 1 Tag Pause zwischen den Trainingseinheiten

Einheit	Dauer	Intensitätsbereich
Spaziergang	60 min	moderat
Lauftraining	30 min	mittel bis fordernd
Schwimmen	45 min	moderat
Radfahren	60 min	mittel bis fordernd

Körpergewichtstraining Ganzkörper-Muskelaufbau

2–3 x pro Woche mit je mind. 2 Tage Pause zwischen den Trainingseinheiten

Übung	Satzanzahl	Wiederholungen
Kniebeugen	3	12–15 WH
Ausfallschritt	3	12–15 WH pro Seite
Liegestütz	3	12–15 WH
Unterarmstütz	2	45–60 sec.
Rückenstrecken im Liegen	2	10–12 WH
Good Mornings	2	10–12 WH

Die oben genannten Übungen werden in kurzen Anleitungsvideos vom Trainer erklärt.

Quellennachweis

18: https://journals.sagepub.com/doi/full/10.1177/2042018819888824

34: https://journals.physiology.org/doi/abs/10.1152/ajpcell.00174.2021?journalCode=ajpcell

41: https://pubmed.ncbi.nlm.nih.gov/32579934/

47: https://www.ahajournals.org/doi/10.1161/JAHA.121.020980

56: https://www.ncbi.nlm.nih.gov/pmc/articles/PMC6236809/

58: https://www.ahajournals.org/doi/full/10.1161/JAHA.120.018487

63: https://pubmed.ncbi.nlm.nih.gov/32490852/

70: https://www.ncbi.nlm.nih.gov/pmc/articles/PMC5928534/

84: https://pubmed.ncbi.nlm.nih.gov/25144131/

87: https://mdpi-res.com/d_attachment/nutrients/nutrients-14-00453/article_deploy/nutrients-14-00453-v2.pdf

88: https://www.ncbi.nlm.nih.gov/pmc/articles/PMC3761859/

89: https://pubmed.ncbi.nlm.nih.gov/24997033/

97: https://www.utsouthwestern.edu/newsroom/articles/year-2020/exercise-improves-memory-boosts-blood-flow-to-brain.html

99: https://www.ncbi.nlm.nih.gov/pmc/articles/PMC7013351/

113: https://pubmed.ncbi.nlm.nih.gov/25354830/

114: https://pubmed.ncbi.nlm.nih.gov/33801028/

118: https://pubmed.ncbi.nlm.nih.gov/33801028/

118-2: https://www.ncbi.nlm.nih.gov/pmc/articles/PMC8079871/

125: https://www.ncbi.nlm.nih.gov/pmc/articles/PMC6720137/

127-2: https://www.ncbi.nlm.nih.gov/pmc/articles/PMC5396878/

129: https://en.wikipedia.org/wiki/List_of_countries_by_food_energy_intake

141: https://www.ncbi.nlm.nih.gov/pmc/articles/PMC8282284/